AF443835

Gabriel Boragina

Política, burocracia y economía

Gabriel Boragina

Ediciones Libertad

Gabriel Boragina

A mis seres queridos

Política, burocracia y economía

ÍNDICE

Política, burocracia y economía

Prefacio

Este libro reúne una serie de ensayos escritos por el autor -en diferentes medios, tanto nacionales como internacionales- sobre tenas atinentes a política, filosofía política, economía, sociología y demás cuestiones que podrían encajar en uno u otro de esos tópicos. Si bien se abordan desde la teoría, entiende el autor que la teoría no es otra cosa que la explicación de la práctica, por ello también este es un libro práctico en ese sentido. No obstante, el capítulo destinado a la Argentina es esencialmente coyuntural y se refiere a una cadena de ensayos que se escribieron en su mayoría durante el gobierno del presidente Mauricio Macri y -algunos otros- después de su gobierno. Estos artículos son esencialmente circunstanciales pese a que se intercalan en algunos de ellos cuestiones teóricas y generales para enmarcar los hechos que se narran dentro de la teoría política, naturalmente siempre desde la óptica del autor.

Dentro del mismo capítulo al referido en el párrafo anterior he incluido notas sobre el peronismo dada la importancia de este movimiento político que domina -sin ningún tipo de lugar a dudas- la escena política argentina por muchos motivos, entre ellos su larguísima duración.

Se analizan -entre las cuestiones principales- la corrupción, la burocracia, el poder, el "eterno" enfrentamiento entre el socialismo y el liberalismo, la igualdad, el derecho, y cerramos el libro con el capítulo dedicado a la Argentina (durante el gobierno de Macri) y al peronismo (del cual también damos un pantallazo muy general).

Por supuesto cada tema se toca ligeramente y con enfoques puntuales y parciales, remitimos al lector interesado a otras obras más profundas si quiere investigar más y mejor sobre el mismo.

En general, el título elegido para esta recopilación puede decirse que se aplica al tema de fondo de cada artículo. Sin embargo, he tratado de conservar (donde me fue posible) los títulos de las notas originales, ya que delimitan con mayor o menor precisión las temáticas puntuales de cada uno en forma individual.

He tratado de conservar el orden cronológico en que cada artículo fue publicado, pero a veces ello no me ha sido posible por la temática tratada que, en casos detallados, resultaba ser más importante que el orden cronológico.

Estos ensayos como dijimos, desde luego, no agotan los temas tratados, sino que lo hacen superficialmente, escritos rápidamente para el entendimiento del lector común y corriente, más o menos al tanto de la coyuntura general y con nociones mínimas o muy generales de política, filosofía política y economía. He tratado de combinar la brevedad con la armonía temática a riesgo de sacrificar algunos puntos que podrían aclarar más ciertos asuntos.

Para quien desee ampliar y ahondar en esta cuestión, al final del volumen incluimos una bibliografía básica destinada a ese fin.

Esperamos que la obra sea del agrado del lector quien está dirigida.

EL AUTOR

Capítulo 1 Economía, corrupción y burocracia

Política e ignorancia económica

"Una de las causas de que la mayor participación de los ciudadanos en los procesos electorales no se traduzca en mejores niveles de vida es que un gran número de votantes no tienen idea de los verdaderos resultados de lo que les prometen los candidatos. **La demagogia** o populismo, que consiste en promesas falsas e incumplibles, encuentra un terreno fértil en la ignorancia del funcionamiento de la economía por la mayoría de los electores."[1]

No obstante, creo que hay que distinguir entre ignorancia completa en materia económica e ideas equivocadas. Hay diferentes maneras de ver el asunto. Un keynesiano podría decir que un partidario de la Escuela Austríaca de Economía es un ignorante en economía, de la misma manera que este último podría tener la misma opinión del primero. Pero, desde un tercer punto de vista -de quien

---

[1] Luis Pazos. *Educación económica contra demagogia electorera*, Centro de Investigaciones Sobre la Libre Empre-sa, A.C. (CISLE) pág. 1

conozca a fondo ambas escuelas económicas- es bastante difícil afirmar rotundamente que ambos son ignorantes completos en economía. No obstante, la ignorancia a la que se apunta en el texto no es la de los estudiosos en economía, sino la del elector común, y en este aspecto no podemos menos que estar de acuerdo con el profesor Pazos que, si bien escribe principalmente sobre su país, México, otro tanto puede decirse del resto de las naciones del orbe.

> "Millones de desempleados y subempleados quieren un buen empleo, por lo que, en un entorno de **analfabetismo económico,** cualquier candidato que promete crear más empleos, sin decir de dónde sacará los recursos para crearlos, probablemente obtenga más votos".[2]

Queda claro que se está refiriendo al hombre y mujer comunes que carecen de estudios elementales en economía, o bien tienen ideas erróneas sobre la materia, fruto de no poseer conocimientos especializados o suficientes. No son pocos los electores que entienden que "crear" empleos es una función del gobierno, y que -efectivamente- la misma puede ser llevada a cabo. Al propio tiempo, es frecuente que mucha gente este convencida que el gobierno también puede y debe "crear" los recursos necesarios para "generar" esos empleos. Todo lo cual es un completo error. Paralelamente, será lo que defina el voto de ese tipo de personas. Es más, es bastante posible que el mismo candidato desconozca que, no sólo no es ello "función" del gobierno, sino que es económicamente absurdo llevar a cabo dicho cometido.

> "Las encuestas que utilizan los candidatos como base de sus programas les arrojan que más y mejores empleos son uno de los reclamos generalizados entre la población. Muchos de ellos, sin analizar las verdaderas causas del desempleo,

---

[2] Luis Pazos. *Educación económica...ob. cit.* Pág. 1

colocan en el primer lugar de sus programas **la creación de empleos.** Cuando ganan adoptan políticas económicas que los reducen: más impuestos, gasto, reglamentaciones y burocracia."[3]

Es que como decíamos antes, no son escasos los candidatos que tienen ideas tan erróneas de la economía como sus propios electores. Y en esa línea, es bastante factible que, en su confusión, realmente estén convencidos que elevando impuestos, gastos y controles van a lograr el objetivo de mayor generación de empleos. No hay ninguna base para suponer que los candidatos posean más y mejores conocimientos que sus electores sobre la disciplina. Muchas veces, los candidatos con más posibilidades consideren que las mejores intenciones y la honestidad son suficientes como para obtener los más óptimos efectos en materia económica. Y estén lejos de sospechar que dichos requisitos (si bien importantes y valiosos) no son garantía ninguna de un progreso económico de la población.

"Todos los trabajadores buscan ganar más. Basados en esa natural aspiración, la mayoría de los candidatos prometen aumentar los salarios si los favorecen con su voto, lo cual únicamente es cierto si promueven las condiciones para aumentar inversiones que se traduzcan en una mayor **productividad** y oferta de empleos. Ante electores ignorantes, piensan los populistas, es más sencillo decirles que mediante el aumento de los salarios mínimos por ley incrementarán sus niveles de vida."[4]

Es cierto que muchos piensan que los aumentos salariales son sólo una cuestión de voluntarismo político, y que todo pasa por la decisión de los burócratas, que serán "buenos" si optan por subir salarios y "malos" si no quieren hacerlo. Pero, el mecanismo de los

---

[3] Luis Pazos. *Educación económica...*ob. cit. Pág. 1
[4] Luis Pazos. *Educación económica...*ob. cit. Pág. 1-2

incrementos salariales no depende de manera alguna de la buena o mala voluntad de los políticos de turno. Con independencia de cuales sean las reales intenciones de los aspirantes a burócratas, los acrecentamientos salariales sólo se producen en la medida que el stock de capital del lugar que se trate suba. Si -por el contrario- se reduce, los salarios también lo harán en idéntica o mayor medida, dependiendo del ritmo de los ascensos y descensos de aquel.

> "Para muchos electores el mejor candidato o partido es el que promete mayores aumentos a los salarios por decreto, aunque cuando llegue a funcionario o legislador practique políticas económicas que generen **inflación** y reduzcan los **salarios reales** de los trabajadores".[5]

Esto sucede porque la mayoría de la gente no advierte los nexos causales existentes entre los distintos fenómenos económicos y como están entre ellos interrelacionados. Para que las ampliaciones salariales no generen efectos perniciosos en la economía deben darse en un marco de mercado libre de injerencias estatales de todo tipo. De lo contrario, cualquier medida que adopte el gobierno será distorsiva para el sector económico donde se la quiera introducir y -a la larga o a la corta- terminará conduciendo a consecuencias contrarias a las que, tanto electores como electos, querían llegar.

> "Ante la natural tendencia de la mayoría de la población de tener una mejor casa, los candidatos prometen darles una **"vivienda digna"** a todos o créditos baratos para obtenerla, pero no dicen de donde sacarán los recursos para subsidiar los créditos, regalar las casas o terrenos".[6]

---

[5] Luis Pazos. *Educación económica...*ob. cit. Pág. 2
[6] Luis Pazos. *Educación económica...*ob. Clt. Pág. 2

Muchos políticos saben perfectamente que sus promesas son irrealizables y -aun, así y todo- no trepidan en hacerlas. Obviamente, sus objetivos no son mejorar la situación de la gente, sino la de ellos mismos y las de sus propios patrimonios. En Argentina, hemos tenido una experiencia amarga en dicho sentido desde Perón a los Kirchner, quienes más quienes menos, todos los gobiernos han apuntado a enriquecerse ellos y sus acólitos, sin importarles el empobrecimiento de los demás.

Instituciones y moral

Hace poco participé de un debate que se generó en torno al estreno de una película que promocionaba la imagen del dictador militar izquierdista venezolano Hugo Chávez Frías. Todos los participantes en el debate criticaban que un ente estatal como el instituto del cine argentino (más conocido por sus sigas INCAA) fuera el autor de la iniciativa y de su financiación, ya que esta -al tratarse de un instituto oficial- se sufragaba a través de los impuestos que constantemente abonamos los "contribuyentes" al gobierno.

La opinión mayoritaria se orientaba a mantener el ente estatal (INCAA) ya que ella decía que el problema constituía en que existía uno o más funcionarios que portaban ideas de izquierda y que la solución pasaba por eliminar a esos elementos, y volver a repoblar la repartición estatal con otro tipo de funcionarios con ideas menos izquierdistas o más de derecha.

Mi punto -el que fue rechazado por todos, incluyendo aquellos que no compartían la promoción de ideas de izquierda como formando parte de la cultura- era diferente, y transitaba por el hecho de que no importaba tanto cuáles ideas portaban los funcionarios y empleados del ente estatal, sino que -en mi opinión- no formaba parte de las funciones del estado-nación la promoción de eventos culturales, siendo como lo considero, algo propio y exclusivo del sector privado.

En segundo lugar, señalé que hay instituciones que -más allá de las ideas políticas de quienes las dirigen o la componen- su mismo diseño como tal las hace obligar a esas mismas personas a llevar a cabo actos que se dirigen a determinados resultados -incluso posiblemente no queridos por quienes forman parte del organismo- y que esas consecuencias podrían ser ideológicas, injustas y hasta deshonestas.

Se me replicó que las instituciones en sí mismas eran *neutrales*, y por ese mismo motivo no podían ser deshonestas, sino que solamente las personas pueden serlo o no. Por lo tanto, lo que estos debatientes proponían como toda "solución" era despedir a los deshonestos y contratar a personal honorable.

A lo que no estuve de acuerdo.

Si buscamos la definición de *institución* encontramos la siguiente:

Institución. Establecimiento o fundación de una cosa. | Cosa establecida o fundada. | Cada una de las organizaciones fundamentales de un Estado, como república, monarquía, feudalismo, democracia. | Órganos constitucionales del poder soberano de la nación. | Cada una de las materias de las diversas ramas del Derecho: institución de la familia, del matrimonio, de la patria potestad, de las sucesiones, de la propiedad.[7]

Para el tema del debate, lo que nos interesa son las dos primeras acepciones.

Una piedra es una *cosa* y -como tal, por su propia naturaleza- carece de finalidad alguna. Por lo tanto, se puede decir que -desde el punto de vista humano- una piedra es una cosa *neutral*. Pero una institución no es simplemente una *cosa*, sino el *Establecimiento o fundación de una cosa,* o bien, una *Cosa establecida o fundada.*

---

[7] Ossorio Manuel. *Diccionario de Ciencias Jurídicas Políticas y Sociales.* - Editorial HELIASTA-1008 páginas-Edición Número 30-ISBN 9789508850553 pág. 504.

Es decir, que lo relevante para definir una *institución* es la finalidad humana observada al establecerla o fundarla. Y esa finalidad humana nunca es neutral, sino que siempre se halla condicionada por todos los factores que intervienen e influyen en el ser humano. Desde este punto de vista, ninguna institución es *neutral,* moral ni jurídicamente hablando.

Ya antes me he expresado en cuanto a este punto[8] y di varios ejemplos de instituciones inmorales o deshonestas. Hubiera sido inútil dotar al Ministerio de la Raza de Hitler de personal con altos valores morales u honestos. La finalidad de dicha institución no tenía por mira otra cosa que discriminar racialmente a la gente, y la única alternativa que quedaba a alguien quien fuera llamado a formar parte de aquella institución -por muy alta que fuera su moral u honestidad- no era más que una sola opción: o declinar el ofrecimiento al cargo o aceptarlo renunciando a su moral y honestidad. Pero, independientemente de lo que los llamados a integrar tal departamento estatal nazi asumieran como actitud final ante la oferta a componer la oficina estatal, tanto si aceptaban como si objetaban la propuesta, ello no priva a quienes repudiamos el racismo de tildar como inmoral o deshonesta la condición de un ministerio o secretaría de esa naturaleza. Esta institución, y muchas otras que, sin llegar a este extremo, conforman el sector público de numerosísimos países declarados no nazis, ni fascistas, ni comunistas, son -en mi opinión- manifiestamente inmorales y deshonestas, porque de este calibre es la mentalidad de las personas que diseñaron, establecieron o fundaron organismos estatales cuya mira es la violación de los derechos (no utilizaré el pleonasmo derecho "humanos", ya que los *derechos* no pueden ser sino solamente *humanos*).

Sin llegar a esos límites, quienes pensamos y estamos convencidos que dirigir la economía de las personas es un acto inmoral y deshonesto porque viola el derecho de propiedad de esos mismos individuos, no podemos sino concluir que el establecimiento de cualquier institución –como, por ejemplo, los ministerios de

---

8 *Ver aquí mi artículo ¿Qué es la seguridad jurídica?

economía tan populares de todos los tiempos- que tenga por finalidad u objetivo intervenir en la economía de los seres humanos, será indefectiblemente una institución inmoral y deshonesta.

Como ha señalado el genial economista austriaco Ludwig von Mises, la corrupción es corolario exclusivo del intervencionismo estatal. Y en esta línea, cualquier grado de intervencionismo del gobierno en los actos humanos conllevará el consiguiente grado de corrupción. Si este intervencionismo es excesivo la corrupción será creciente, y viceversa. De tal suerte que, todas las instituciones estatales que fomenten el intervencionismo gubernamental y las dependencias administrativas que se originen en su secuela serán, asimismo, por lógico efecto, inmorales y deshonestas. Y esto no cambia por el hecho de que quienes las compongan -o sus artífices e inspiradores- en sus conductas particulares no tengan antecedentes penales.

Pasa que nuestra sociedad estatista ha elevado a un grado sacrosanto conceptos tales como el de las *instituciones*. Pero ha olvidado por completo que las instituciones no nacen de la nada, ni se crean por generación espontánea. Toda institución es siempre fruto y derivación de una mente humana, o de muchas de ellas en conjunto. Y si esas mentes son inmorales y deshonestas sus construcciones serán del mismo signo sin remedio alguno.

Corrupción, ética y Constitución

Es habitual analizar el tema de la corrupción -tan vigente siempre- desde el punto de vista exclusivamente económico. Será interesante, tal vez, prestar un poco de atención al ángulo jurídico del asunto, sin restar importancia, de ninguna manera, al económico, ya que ambos están intrínsecamente implicados. Nuestra Ley Fundamental toca directamente el tópico, y subsume -como se verá del siguiente examen- lo económico en lo ético:

"El último párrafo del art. 36 de la Constitución establece que el Congreso deberá sancionar una ley que regule la ética pública para el ejercicio de las funciones gubernamentales. Una ley semejante, siempre que sus disposiciones sean claras y precisas, constituirá una garantía sumamente eficaz para la consolidación de un sistema democrático constitucional. El incumplimiento de las normas éticas por los gobernantes ha sido y es uno de los factores más nocivos para la subsistencia del régimen constitucional, y uno de los argumentos que con mayor frecuencia han utilizado sus adversarios para pretender demostrar su inconsistencia en función del bien común de la sociedad."[9]

La ética definida constitucionalmente comprende, por tanto, los comportamientos de los funcionarios públicos en su totalidad, sean estos en sus actos económicos como no económicos. Existe un enfrentamiento directo entre violación a la ética pública y la constitucionalidad. La cercana interrelación entre ética pública y economía viene dada por el hecho de que todo funcionario público maneja lo que se ha dado en llamar el erario público, lo que implica que, en el fondo, el funcionario público es (o debería ser) un mero administrador de recursos ajenos que, en el mejor de los casos, le han sido confiados por mandato legal a los únicos fines administrativos.

Sin embargo, también dispone de ellos muchas veces como si fueran propios. Tanto administrativa como dispositivamente estas amplias facultades que tiene el burócrata son una excelente oportunidad para verse tentado a aprovecharse de las mismas.

Nosotros preferimos la expresión de ética *política* a la de ética *pública*, porque opinamos que muchas conductas individuales de particulares también afectan a la ética pública, aun cuando esas personas estén fuera de órbita política.

"De todas maneras, cabe recordar que existen disposiciones legales que regulan, de manera parcial, la ética pública

---

[9] Badeni, Gregorio. *Tratado de Derecho Constitucional.* Tomo II- 2ª Edición Actualizada. Ampliada - 2a M. - Buenos Aires- La Ley, ISBN 987-03-0947-X (Tomo Ii)-ISBN 987-03-0945-3 (Obra Completa) "Las Garantías Institucionales" N° 457. Ética Pública Pág., 1347-1348

republicana. Por otra parte, antes de la reforma, en modo alguno la Constitución impedía la sanción de una norma de la especie que ahora enuncia el art. 36. La ética puede ser objeto de múltiples definiciones, atendiendo a la corriente filosófica en que se enrola el analista. Sin embargo, teniendo en cuenta que una Constitución no es una obra científica ni doctrinaria, sino una norma jurídica fundamental impregnada de realismo y sencillez, que es instrumento de gobierno y símbolo de unidad nacional, sus palabras deben ser explicadas a la luz del lenguaje y pensamiento del ciudadano común."[10]

A pesar que la llamada ética pública tiene en mira los posibles desfalcos económicos que los burócratas tienen oportunidad de llevar a cabo en ocasión de los cargos políticos que ostentan (y de los cuales no son pocos los que no se privan de cometerlos), desde el ángulo constitucional no se limitan a ellos, como ya se ha aclarado. Pero, bien visto, lo ético tiene indisoluble vínculo con lo jurídico, y este con lo económico.

Desde el momento que una norma (como es la Constitución) se refiere a la ética como lo hace en su art. 36, ello implica incluir a esta en el campo de Derecho. Y no puede negarse que el Derecho tiene por objeto regular conductas que no dejarán de tener consecuencias económicas, dado que la aplicación de toda norma ha de dar por sentado que se cuenta o que se contará con los recursos necesarios para ello. De tal suerte que, queda claro (al menos para nosotros) el estrecho nexo entre ética-economía-derecho. Los actos de corrupción dañan por igual a este trípode.

"Desde esta óptica, la ética no es tanto, una ciencia filosófica que estudia las normas a que debe someterse la conducta humana y las consecuencias que se derivan de su aplicación, sino un arte que tipifica comportamientos individuales y sociales encaminados al logro del bien."[11]

---

[10] Badeni, Gregorio, *ibidem*.
[11] Badeni, Gregorio, *ibidem*.

Siguiendo las directrices del individualismo metodológico nos resulta bastante difícil poder reconocer la existencia de comportamientos "sociales", excepto que se quisiera describir a una suma de conductas individuales, donde logramos visualizar mejor el concepto. Hecha esta salvedad, no podemos estar sino de acuerdo con lo expuesto en la cita. Lo característico, entonces, de la ética es -según este autor- la de ser un arte que tipifica comportamientos (para nosotros solamente individuales, dado que la responsabilidad tiene sentido únicamente respecto de la conducta de los individuos) encaminados al logro del bien.

> "No se trata de la ética individual, positivista o religiosa, sino de la idea dominante en una sociedad sobre cuál debe ser el comportamiento de los gobernantes para alcanzar el bien común. En tal sentido, el concepto vulgar de la ética pública impone conductas al gobernante, tanto en su vida pública como en la privada cuando, esta última, adquiere relevancia social."[12]

El autor analizado nos da a entender que habría distintas "éticas" como ya había esbozado en su párrafo anterior. Por un lado, distingue una ética individual (positivista o religiosa) y la separa de otra ética que califica como "idea dominante en una sociedad sobre cuál debe ser el comportamiento de los gobernantes para alcanzar el bien común". Da la impresión que se apunta a lo que habitualmente se denomina por algunos como ética "social" pero más bien parece que desea aludir a una especie de "ética política" porque la hace dirigir exclusivamente a los gobernantes en su comportamiento. Existiría entonces -sintetizando, y en el concepto de nuestro autor- una ética individual por un lado y otra ética que podríamos llamar "política" por el restante. Pero no es cualquier "ética política", sino que es una ética a cumplir en cabeza de los gobernantes y no de los gobernados. Para estos últimos parece quedar reservado el campo de la ética individual.

---

[12] Badeni, Gregorio, *ibidem*.

Corrupción, ética y economía

La corrupción tiene un doble aspecto, ético y económico, pero la Constitución y la ley subsumen -con buen criterio a nuestro juicio- el económico en el ético. Hemos preferido hablar de *ética política* en lugar de "pública", porque aquella expresión precisa mejor aún -nos parece- la esencia del concepto, dado que se circunscribe al ámbito de la acción política, que es el campo de la acción humana en donde deben vigilarse con más celo las conductas de aquellos que -elegidos por el voto para representar a los ciudadanos y, por sobre todo, para administrar los recursos que les son confiados a través de los impuestos- son los únicos responsables directos de su mala gestión. En este tema, particularmente, parece prudente darle un uso restringido al vocablo *política*.

> "La ética pública, en un sistema republicano y democrático de gobierno, impone a los funcionarios públicos una carga y una obligación de servir a la comunidad y no de servirse del pueblo. Sanciona los privilegios que se atribuyen los gobernantes; la designación de familiares para desempeñar funciones públicas no electivas; la recepción de dádivas o regalos en su condición de funcionarios; el ejercicio autoritario de sus funciones con respecto a sus dependientes; el ejercicio de actividades profesionales o empresariales haciendo gravitar su condición de funcionarios; y una serie infinita de conductas que, en sus aspectos más relevantes, deben ser contemplados por la legislación reglamentaria que prevé el art. 36 de la Constitución, sin perjuicio de los contenidos que presentan los arts. 256 a 268 del Código Penal."[13]

La ética pública (o política) tiene, en "un sistema republicano y democrático de gobierno", características propias que no las posee

---

[13] Badeni, Gregorio. *Tratado de Derecho Constitucional.* Tomo II- 2ª Edición Actualizada. Ampliada - 2a M. - Buenos Aires- La Ley, ISBN 987-03-0947-X (Tomo Ii)-ISBN 987-03-0945-3 (Obra Completa) "Las Garantías Institucionales" N° 457. Ética Pública, Pág., 1347 p. 1348

en otro tipo de sistemas. Esto no significa que, necesariamente, el autor -que en la ocasión comentamos- ostente un criterio relativista del concepto de ética pública, sino más bien, parece querer expresar las diferentes características de lo que la Constitución llama "ética pública" en distintos regímenes políticos. Lo que le ocupa al autor, es el alcance que le da la Constitución de la Nación Argentina, más allá del que pudiera tener en cualquier otra constitución o doctrina.

En un sistema como el que estudia, "impone a los funcionarios públicos una carga y una obligación de servir a la comunidad y no de servirse del pueblo". En términos políticos, supone que el político (ya en función de burócrata) debe cumplir con el mandato que el ciudadano le otorgó a través del voto, y para lo cual aquel fue votado. La cita ejemplifica con una serie de conductas no-éticas por las que se persiguen obtener beneficios propios o para terceros valiéndose de la condición de funcionario estatal.

> "El análisis de nuestra legislación permite advertir que muchos de tales comportamientos, lesivos para el bien común y, por ende, susceptibles de ser calificados como actos de corrupción, tienen previsión normativa. En el Código Penal encontramos normas referentes al enriquecimiento ilícito de los funcionarios, al prevaricato, a la denegación y retardo de justicia, al cohecho, a la malversación de caudales públicos, a las negociaciones incompatibles con el ejercicio de la función pública, a las exacciones ilegales. Son normas que proyectan al derecho positivo principios de naturaleza ética republicana, que adquieren la categoría de normas jurídicas."[14]

Entonces, la corrupción tiene diferentes modalidades, que en el párrafo son llamadas "actos de corrupción". Su común denominador es que constituyen "comportamientos, lesivos para el bien común". Esto implica que la víctima no es un individuo aislado, sino muchos, exigencia ausente para el victimario, que puede ser uno o más. Seguidamente, el autor enumera sólo algunos de "muchos de tales comportamientos". Si analizamos detenidamente los actos

---

[14] Badeni, Gregorio, *ibidem.*

mencionados advertiremos rápidamente que la casi totalidad de ellos tiene que ver con procederes económicos. Y si bien, el prevaricato y la denegación o retardo de justicia no aparentan tener contenido económico a primera vista, mejor examinados la poseen, quizás no para el prevaricador, pero si para el prevaricado, ya que este último resultará perjudicado patrimonialmente por el acto de prevaricación. Otro aspecto a señalar es que, frente al reclamo popular de leyes que castiguen la corrupción, estas ya existen desde antigua data, lo que es revelador del enorme desconocimiento de la mayoría de la población en materia legal.

> "Asimismo, en el art. 1112 del Código Civil encontramos una hipótesis de responsabilidad por los actos u omisiones en que incurran, de manera irregular, los funcionarios y quienes ejerzan roles gubernamentales. Una interpretación teleológica y sistemática de la Constitución nos inclina a sostener que la cláusula final del art. 36 de la Ley Fundamental no apunta exclusivamente a los aspectos de índole patrimonial que pueden involucrar la actuación de los gobernantes. Abarca, en definitiva, todo comportamiento irregular en la función pública que acarrea un perjuicio material o moral para la sociedad. Comprende todo acto de corrupción consistente en la alteración perversa o dañina de la conducta humana en función del bien común, sin que interese si tiene, o no, un contenido patrimonial."[15]

La corrupción excede, pues, lo puramente crematístico y alcanza la esfera de lo moral, es decir que la punición también tiene una función educadora, y no sólo represiva ni reparadora de un daño patrimonial. Presenta, además, una definición concreta y precisa de la corrupción como todo acto "consistente en la alteración perversa o dañina de la conducta humana en función del bien común, sin que interese si tiene, o no, un contenido patrimonial."

---

[15] Badeni, Gregorio, *ibidem*.

Se entiende que, en función de lo expuesto renglones más arriba, dicha conducta alude en forma directa a "la actuación de los gobernantes". Pero no podemos limitar exclusivamente a estos como actores de los actos de corrupción, excepto que el vocablo "gobernantes" se entienda en un sentido muy amplio. Por el contrario, debemos extenderlo a aquellos que el autor estudiado denomina "funcionarios públicos", en tanto que nosotros designamos con el vocablo de *burócratas* tanto a funcionarios como a gobernantes por igual.

Corrupción, cohecho e incentivos

Los incentivos para una corrupción menor o nula tienen más que ver con la cuantía de los fondos que maneja la burocracia, de donde una menor cantidad de estos contribuirá a otra menor de corrupción. No obstante, tampoco es cierto que, la solución final a la corrupción residiría en la circunstancia de que el gobierno no maneje ningún patrimonio ajeno (cosa altamente deseable, pero imposible de momento, naturalmente).

Aun así, y como ha señalado agudamente Ludwig von Mises, si bien la corrupción siempre tiene como destino final a la fortuna monetaria, no necesariamente implica un lucro por parte de un funcionario estatal. Cita -como ejemplo- el caso de algún funcionario que, aun sin a cambio de ningún dinero, otorga -teniendo las facultades legales para ello desde luego- permisos, autorizaciones, licencias de producción o de exportación/importación etc. a particulares, sean empresarios o individuos.

No obstante, y pese a que no exista beneficio a título personal del empleado estatal que concede la prebenda, el destinatario de la ventaja burocrática obtendrá un favor ilícito que proviene de la discrecionalidad del burócrata. De donde se deduce con facilidad que la corrupción eternamente tiene como fuente ultima la facultad que las leyes otorgan a los burócratas para conceder o denegar a su arbitrio permisos o prohibiciones a las actividades económicas de los particulares.

Lo que verdaderamente interesa -conforme explica el insigne maestro austriaco- es que el costo de los actos de corrupción perpetuamente será sufragado con peculios que provendrán -en cualquier caso- de los contribuyentes o, en el ejemplo citado, de los clientes del empresario o comerciante favorecido con el privilegio conferido por el burócrata para ejercer su actividad comercial con exclusión de otros potenciales o efectivos competidores.

Pueden darse muchísimos ejemplos de esto último, que vemos a diario en el mundo de la economía. Cuando, por caso, un secretario de comercio fija precios mínimos a un determinado producto, por ejemplo, ganado vacuno, en los hechos, significa que está beneficiando indebidamente a este sector productor en desmedro de los restantes que serán -en definitiva- los que van a sufragar la diferencia entre el precio mínimo y el de mercado junto con los consumidores. Las razones particulares con las que el funcionario del área quiera justificar la medida poco cuentan, ni en nada sirven para cambiar los efectos económicos que -de todas maneras- de adoptarse, se producirán y que serán los señalados. Existe corrupción cuando las ventajas de unos se deben a los perjuicios de otros, ocasionados -unas y otros- por las decisiones de un tercero con poder suficiente como para imponerlas a sus semejantes.

Como observamos, el campo de los actos de corrupción es mucho más vasto que el común de la gente ordinariamente supone. En el ideario popular, se acostumbra asimilar la corrupción con el simple hecho del robo que comete un funcionario público en ejercicio de su cargo. Pero, como ya hemos visto, esto no perennemente es así, aunque sea la forma más corriente de los actos de corrupción. En realidad, lo que el vulgo entiende por corrupción es lo que en doctrina jurídica se denomina el *cohecho*, que jurídicamente se lo define de este modo:

"**Cohecho**. Acción y efecto de cohechar o sobornar a un funcionario público. Constituye un delito contra la administración pública en el que incurren tanto el sujeto activo (cohechante) como el sujeto pasivo (cohechado). En algunas legislaciones, y ello es lógico, se estima que el delito reviste mayor gravedad cuando el cohechado es un juez. Se configura, por parte del funcionario público, por el hecho de recibir dinero o cualquier otra dádiva y aceptar una promesa para hacer o dejar de hacer algo relativo a sus funciones, o para hacer valer la influencia derivada de su cargo ante otro funcionario público, a fin de que éste haga o deje de hacer algo relativo a sus funciones; o, en cuanto al juez, para dictar o demorar u omitir dictar una resolución o fallo en asuntos de su competencia"[16]

Tal se advierte, el cohecho es una forma de corrupción, una de las tantas variantes en las que esta se manifiesta, hasta incluso se podría decir que es la más frecuente, pero no es la única. A menudo, se incurre en el yerro de conjeturar que el sujeto activo del delito es constantemente un particular, y que el sujeto pasivo es un funcionario público. Este error popular tiene que ver con la mentalidad estatista dominante por doquier, que supone -sin mayor asidero ni fundamente que el sólo prejuicio- que los funcionarios públicos, por el mero hecho de serlo, están rodeados de un aura beatifico que los preserva y hace presumir impolutos e inocentes criaturas, inmunes a todo error, y portadores de una moral impecable y a prueba de toda tentación. Esta idea habitual, fruto de la educación estatista a la que -en mayor o menor medida- todos estuvimos sometidos o influenciados, ignora el hecho de que el cohechante puede ser tanto un particular como otro funcionario estatal de mayor o menor jerarquía que el cohechado. En ambos casos -y en último análisis- el dinero que se intercambia entre cohechado y cohechante es invariablemente dinero privado, proveniente de la exacción producida a través del mecanismo

[16] Ossorio Manuel. *Diccionario de Ciencias Jurídicas Políticas y Sociales*. - Editorial Heliasta-1008 páginas-Edición Número 30-ISBN 9789508850553 pág. 175

impositivo que detrae recursos a los particulares para ser usufructuados (no siempre del mejor modo) por parte de los burócratas estatales.

Pero el punto, insistimos, es que el cohecho es sólo una modalidad de corrupción. Hay instituciones que están diseñadas para promover la corrupción, lo que se manifiesta cuando las leyes son ellas mismas discrecionales o, lo que en otros términos es cuando la ley (vaya paradoja) no respeta la igualdad ante la ley o, peor aún, la misma ley viola la igualdad ante la ley. Por extraño que parezca, esta es una situación de lo más habitual entre nosotros. Las leyes que fijan precios -por ejemplo- ponen fuera de la ley a todos aquellos que compraron a un precio de mercado y luego se ven obligados a vender a otro precio inferior al de mercado. Esto genera mercados "negros, subterráneas, paralelos" y sobornos y "coimas" de todo tipo.

Burocracia y corrupción

"es inherente a toda burocracia gubernamental ajustarse a un conjunto de reglas e imponerlas de manera uniforme y autoritaria. Si no fuera así, y el burócrata decidiera sobre los casos individuales ad hoc, se lo acusaría, con justo derecho, de no tratar a cada contribuyente y ciudadano de manera igual y uniforme. Sería acusado de discriminación y de brindar privilegios especiales. Además, desde el punto de vista administrativo es más conveniente para el burócrata establecer reglas uniformes en toda su jurisdicción. A diferencia de la empresa privada, cuya finalidad es obtener ganancias, a la burocracia gubernamental no le interesa ser eficiente ni servir a sus clientes lo mejor posible. Al no tener fines de lucro, y a salvo de la posibilidad de sufrir pérdidas, el burócrata puede descuidar, y de hecho lo hace, los deseos y demandas de sus consumidores-clientes. Su interés principal es "no hacer olas", y esto lo logra aplicando equitativamente un conjunto de reglas uniforme, no importa lo inaplicable que pueda ser en cualquier caso puntual." [17]

Sin embargo, a pesar de ser cierto lo anterior, también es verdad que los burócratas discriminan, y es precisamente esto último lo que se conoce con el nombre de *corrupción*, fenómeno cuya extensión -sobre todo en Argentina- ha llegado a niveles alarmantes batiendo todos los récords históricos hasta el presente. En realidad, como ha demostrado la *Escuela de la Public Choice* -con James Buchanan y Gordon Tullock a la cabeza- los burócratas si, tienen fines de lucro como cualquier ser humano normal.

Ahora bien, es cierto que, desde el punto de vista institucional la burocracia no tiene fines de lucro, porque -en tanto burocracia- fue creada para permanecer, con independencia de cualquier circunstancia económica. No obstante, lo anterior, en cambio, los burócratas no suelen ser los mismos, o no lo son por todo el tiempo. Esto hace que los burócratas, conscientes de la transitoriedad personal en sus cargos, tiendan, durante su paso por la burocracia, a tomar todo el dinero posible de ella, ya sea por vías legitimas o ilegítimas, dando lugar a la *corrupción* tan denostada por un lado y tan practicada por el otro. Pero la corrupción no está ínsita -por regla general- en la persona del burócrata, lo que si esta inherente en la institución es la potencialidad de promover o cobijar o -al menos- soportar actos de corrupción. Si el empleado público -además- ve con buenos ojos el cargo que ocupa como medio idóneo para lucrarse en y de él, la situación es, por supuesto, tanto peor.

La burocracia -como entidad - no tiene fines de lucro, pero el burócrata, contemplado desde la faz de un simple ser humano como todos, si los tiene. Claro que, su lucro no proviene -en primera instancia- del contribuyente, sino del organismo oficial que lo emplea. Sólo depende del peculio del contribuyente de manera indirecta. Pero si perdiera su cargo de burócrata (porque -por ejemplo- la repartición donde trabaja decidiera cesantearlo) esto lo afectaría económicamente

---

[17] Murray N. Rothbard. *For a New Liberty: The Libertarian Manifesto.* (ISBN 13: 9780020746904) Pág. 149-150

a él en persona. De allí que, es natural que, desde su propio punto de vista, vea su puesto de burócrata como un medio para beneficiarse económicamente de él, ni más ni menos que como cualquier otro empleado privado ve su cargo en una empresa particular. Aunque naturalmente los incentivos -tanto externos como internos- sean por completo diferentes.

En la esfera política pasa algo bastante similar que en la administrativa respecto de los funcionarios elegidos popularmente mediante el voto. Su transitoriedad es mayor que la de los elencos estables burocráticos y, por consiguiente, su tendencia a acumular durante tan breve periodo también será más grande. De allí, la importancia de establecer controles de todo tipo y de gran efectividad para evitar el enriquecimiento de funcionarios y demás burócratas a costa del erario público.

Con todo, como apuntamos líneas más arriba, creemos que hay que deslindar varios aspectos y dividirlos en dos partes al menos: institucionales y personales.

La corrupción no sólo tiene que ver con las ansias de ganancia del burócrata o gobernantes, tiene que ver con el diseño institucional que, al hacer depender el funcionamiento de ciertos organismos estatales del poder económico (grande o pequeño) de los contribuyentes, convierte a los cuerpos gubernativos en sí mismos corruptos e inmorales, toda vez que para hacerse de tales fondos necesitan del imperio y la fuerza bruta que les otorga la ley respectiva que regula su creación y trabajo. Y de otra ley (superior o paralela) que determina que su marcha será solventada con fondos del erario público (en última instancia, impuestos vistos desde el lado del ciudadano).

No tiene tanto que ver en este punto la cantidad de reparticiones u organismos estatales que se creen, sino las cantidades efectivas de capital destinadas a su establecimiento y labor. Producirán mayor daño tres organismos "públicos" que tengan un presupuesto del cien por ciento del tesoro nacional (suponiendo por caso $ 1000) que diez de esos organismos a los cuales se les destine un cincuenta por ciento de lo presupuestado ($ 500) con independencia del total efectivamente recaudado. El daño al contribuyente en el primer supuesto será del cien por ciento y en el segundo de la mitad, pero en el primero sólo tenemos tres reparticiones públicas y en el segundo diez. Claro que el análisis no es completo si no se considera, no sólo la cuantía del gasto sino tambien su calidad, pero la cuantía luce como el dato más importante, porque la calidad del gasto siempre dependerá que se tenga algo para gastar, si esto falta es inútil entrar en un debate sobre "la calidad del gasto" cuando no hay siguiera nada para gastar. Si por $ 1000 puedo comprar un par de zapatos de la más alta calidad, vano es que me detenga a comparar calidades si ni siquiera tengo $ 1000. La calidad, pues, es una variable dependiente de la cantidad disponible para cada caso en cuestión.

Burocracia: lucro y poder

Mucho se habla del "poder" de las "grandes" corporaciones en alusión a empresas multinacionales privadas. Pero poco respecto del temible poder mucho más peligroso y real de las grandes corporaciones burocráticas estatales y gubernamentales, cuyo imperio económico supera varias veces al de las compañías privadas más grandes. Este problema viene de antigua data, en manera alguna es "nuevo", y los liberales tuvieron buena parte de culpa en el crecimiento del poder de las burocracias gubernamentales:

> "En contraste con la hostilidad de los liberales del siglo XVIII hacia el Ejecutivo y la burocracia, los liberales del siglo XIX toleraron e incluso aceptaron de buen grado la acumulación de poder por parte del Ejecutivo y de una cantidad de empleados del Estado afianzados en la oligarquía y en la burocracia." [18]

Son las burocracias estatales las que manejan los hilos del poder, a tal punto que sin su soporte los gobiernos no podrían operar,

---

[18] Murray N. Rothbard. *For a New Liberty: The Libertarian Manifesto*. (ISBN 13: 9780020746904). Pag. 27

o tendrían que hacerlo en niveles muy bajos y breves. La burocracia es el motor del gobierno y cualquier decisión que el gobierno adopte jamás podría llevarse a acabo si no fuera por medio de la burocracia, siendo -por lejos- está la parte más grande de cualquier gobierno, ya sea que se considere a sus miembros en conjunto, o bien al presupuesto que insume. Este presupuesto es una de las partidas de lo que en economía se conoce como El Gasto Público, y es históricamente una de las partidas más grandes de todos los presupuestos nacionales. Pero para ello, es requisito previo el establecimiento de una alianza:

> "la antigua alianza entre los intelectuales y las clases dirigentes del Estado. La alianza se basa en un quid pro quo: por un lado, los intelectuales difunden entre las masas la idea de que el Estado y sus dirigentes son sabios, buenos, y a veces divinos, o por lo menos inevitables y mejores que cualquier otra alternativa concebible. A cambio de este despliegue ideológico, el Estado incorpora a los intelectuales a la élite gobernante, garantizándoles poder, estatus, prestigio y seguridad material. Además, son necesarios para integrar la burocracia y "planificar" la economía y la sociedad." [19]

Esta es una de las razones por las cuales la gran mayoría de los intelectuales apoyan ideas de izquierda, estatistas, socialistas, populistas, en una palabra, colectivistas, y también es uno de los motivos más poderosos por el cual la mayoría de las personas creen que todo lo importante en la vida debe hacerse a través de los gobernantes o del poder del estado nacional; que el gobierno debe intervenir en todo y –lamentablemente- son los que propagan la terrible falacia de que los gobiernos son "siempre buenos" e "infalibles". Es este mito lo que ha instalado la falsa idea que de que para que un gobierno sea "bueno" sólo se necesita de políticos honestos, ignorando que la realidad indica históricamente algo muy diferente a esta divulgada fábula.

---

[19] Murray N. Rothbard, ob. Cit. idem. Pág. 69-70.

"la tendencia natural del Estado es acrecentar su poder, no reducirlo; pero aquí tenemos la peculiar situación en la cual el gobierno inicialmente intensifica el poder de los sindicatos y luego clama por restricciones contra ese poder. Esto recuerda los programas agrícolas del Estado, en los cuales una rama del Departamento de Agricultura les paga a los agricultores para que restrinjan su producción, mientras otra rama de la misma agencia les paga para que la aumenten. Sin duda, esto es irracional desde el punto de vista de los consumidores y los contribuyentes, pero perfectamente racional desde la perspectiva de los agricultores subsidiados y del creciente poder de la burocracia."[20]

La clave para entender este comportamiento bien llamado *irracional* consiste en reparar que los fondos con los que las burocracias hacen estos desaguisados son fondos ajenos, es decir, no salen de los bolsillos ni de los políticos al frente del poder, ni de los jerarcas burócratas que manejan dineros que no les pertenecen y se apropian de bienes que corresponden a consumidores y contribuyentes. La burocracia siempre tiene un comportamiento irracional, por la sencilla razón de que opera *extra muros* del mercado, y el mercado es su enemigo, al que combate en forma encarnizada. Hay que recordar también que, todo subsidio otorgado por el gobierno retorna indefectiblemente a las arcas del gobierno vía impuestos, que se sufragan por contribuyentes de hecho y de derecho, pero nadie quedará sin pagar impuestos, excepto, claro está, los miembros del gobierno y sus poderosísimos aparatos burocráticos.

---

[20] Murray N. Rothbard ob. Cit. ídem. Pág. 103

Política, burocracia y economía

Capítulo 2 Poder

Gobierno, economía y educación.

Es casi un lugar común considerar que la educación debe prioritariamente estar a cargo del gobierno. Existe un consenso generalizado en cuanto a este aspecto. La función de educar se piensa esencialmente tarea a cargo del "estado" y sólo subsidiariamente de los particulares. Es posible que esta convicción resida en el hecho de que la educación se cree una actividad "no económica". Es bastante discutible este último aserto si lo observamos desde el ángulo de que quien se educa lo hace principalmente con el objeto de adquirir conocimientos que le den competencia en el campo laboral y le permitan no sólo subsistir financiando sus necesidades cotidianas, sino además darle mayores oportunidades de progreso que -necesariamente- se van a reflejar en lo económico. Por supuesto que, la educación no solamente sirve para conseguir buenas colocaciones laborales, sino también para obtener satisfacciones intelectuales y hasta espirituales. Pero una cosa no excluye la otra, y resulta -a nuestro juicio- apresurado descartar sin más los resultados económicos de la educación desde el punto de vista individual.

Lo mismo cabe decir -desde un enfoque praxeológico- de la "medicina, previsión social, arte, ciencia" etc. Sin embargo, hay autores que defienden la propiedad privada y que hacen esas distinciones. Citamos al respecto el siguiente párrafo:

"Propiedad privada. El éxito en educación, medicina, previsión social, arte, ciencia y otras actividades no económicas, se basa en los mismos dos principios anteriores. Por eso la propiedad privada, sostén y garantía de todas las libertades, debe ser respetada por todos, gobernantes y gobernados, no sólo en economía y finanzas, sino también en enseñanza y cultura, salud y deportes, cajas de jubilaciones y pensiones; y en los ámbitos de familias, partidos, iglesias y demás instituciones privadas."[21]

Debemos recordar que la propiedad privada es una institución fundamentalmente económica, que nace de un hecho natural como es el de la escasez de bienes y servicios. Si bien los valores últimos perseguidos por los seres humanos no son siempre ni completamente económicos, resulta innegable que los medios indispensables para concretar esos valores si lo son, mal que les pese a quienes discurran que la economía sólo se trata de una ciencia de números, gráficos y ecuaciones.

Iglesias, partidos y familias ("y demás instituciones privadas") necesitan de la economía para poder sostenerse y continuar creciendo, y más aún si pretenden desarrollarse. No se trata de un enfoque materialista el que hacemos, sino que reconocemos a la economía una función instrumental como medio idóneo para que el ser humano pueda desplegar sus facultades, tanto físicas, intelectuales, como espirituales. Es decir, la economía es el medio que permite al ser humano perseguir aquellos valores no económicos. No obstante, todas las actividades (y siempre desde el enfoque praxeológico) son económicas.

Pero si incluimos un análisis cataláctico, podemos preguntarnos: si los costos, tanto monetarios como de oportunidad

---

[21] Alberto Mansueti. *Las leyes malas* (y el camino de salida). Guatemala, octubre de 2009, pág. 40

para educarse, sea que lo afronten los padres del estudiante o el estudiante mismo, no son económicos ¿Qué tipo de costos son? ¿Cómo podría -en tal caso- considerarse la educación fuera del mundo económico?

"Los Gobiernos han usurpado funciones para las cuales sus rasgos esenciales son disfuncionales. ¿Cómo ha sido? ¿Cuándo comenzaron? 1) Empezaron en el s. XVIII con la educación, asumiendo que los padres no enviarían a sus hijos a la escuela si no fuesen forzados a hacerlo; que la educación estatal sería "gratuita"; y además "neutral" en materia religiosa. El primer supuesto es históricamente falso: por siglos los padres han enviado a sus hijos a la escuela sin ser obligados. La gratuidad no es tal, es financiamiento con impuestos. La neutralidad tampoco: Es catequización en la religión del Humanismo secular iluminista, evolucionista, idólatra y políticamente estatista. Además, la calidad de la educación estatal ha sido y es muy pobre en todos los países: los niños de primaria no salen bien en las pruebas de lectoescritura y comprensión, ni de aritmética elemental. Tampoco los bachilleres en las de ciencia y cultura general. Y la formación profesional de los universitarios es harto defectuosa."[22]

Compartimos completamente los conceptos que se vuelcan en el párrafo citado, y lo conectamos con nuestros comentarios previos en cuanto a las funciones e implicaciones económicas de la educación. ¿Por qué los gobiernos se comportaron -y aun lo hacen- como indica el autor en comentario? Pensamos que porque los gobiernos han comprendido que manejando la educación podían (y efectivamente pueden) manipular los recursos económicos de la gente que es gobernada. Sólo mediante la educación estatal logra convencerse al futuro ciudadano de la bondad y "necesidad" de -por ejemplo- pagar puntualmente los impuestos como si estos fueran una "necesidad social" o peor aún, una "obligación moral", señalando a

---

[22] Mansueti A. ibidem. P. 89

quien los evade como el máximo de los delincuentes sociales. Es en las escuelas y universidades estatales donde se enseñan las bondades del mal llamado "estado benefactor" o "de bienestar" (verdadera contradicción en términos al decir del profesor Alberto Benegas Lynch (h) acertadamente); donde se instruye que la solidaridad sólo puede ser pública (o sea, estatal) y desafortunados conceptos por el estilo, que hoy en día casi nadie cuestiona o se lo hace en muy escasa medida.

¿Cuál es, pues, el objeto de los gobiernos al tomar (por si o por otros) las instituciones educativas e inculcar estas perniciosas doctrinas si no es el convencer a la gente de que entregue de buena gana el fruto de sus esfuerzos laborales al fisco a efectos de alimentar sus voraces arcas, siempre ávidas de fagocitar más y más recursos? ¿no es acaso económico? Creemos que sí. Y es en esto en que basamos nuestro convencimiento de la economicidad de la educación o si se quiere la de sus fines económicos.

Claro que la educación estatal no presenta ni expone tales fines de los gobiernos de la manera descripta en el párrafo anterior. En su lugar, hablará de "justicia social" solidarismo, confraternidad, conciencia social, y completará todo sustantivo posible con el adjetivo "social" que, como dice el fenomenal Friedrich A. von Hayek, no es sino la palabra *comadreja* que, como ese animal hace con el huevo lo vacía de contenido sin siquiera romper la cascara.

Gobernabilidad y proceso político

"En esencia la gobernabilidad depende del resultado de dos procesos y de las externalidades de su interacción. El primero, el proceso económico que busca mejorar la eficiencia alocativa y el logro de los objetivos de equidad."[23]

---

[23] Eduardo Wiesner. "La economía neoinstitucional, la descentralización y la gobernabilidad local". Capítulo VI, en Rolf Lüders-Luis Rubio-Editores. *Estado y economía en América Latina*. Por un gobierno efectivo en la época actual. CINDE CIDAC, pág. 325

En realidad, resulta bastante discutible que el proceso económico como tal busque "mejorar la eficiencia alocativa y el logro de los objetivos de equidad". En primer lugar, habría que definir qué se entiende por todas estas expresiones. Desde nuestro particular punto de vista, el proceso económico es uno de intercambios valorativos que buscan mejorar las posiciones relativas de las partes intervinientes en ellos en un momento ulterior al acto de intercambiar. Es posible que, entre algunos de los objetivos de esas personas una u otra busque mejorar la eficiencia locativa (la palabra *alocativa* utilizada por el autor citado no se encuentra reconocida por la Real Academia Española, de allí que debamos entender que ha querido referirse a lo "locativo" en relación concreta a una ubicación física, aunque el citado no es claro en cuanto a quién o quiénes serían los que -en su pensar- buscarían esa "eficiencia locativa".

Idéntica acotación habría de hacerse en cuanto al supuesto "logro de los objetivos de equidad". Todos estos términos y conceptos son hartamente opinables. Esencialmente, porque conforman en sí mismos valoraciones enteramente subjetivas, que incluyen, por supuesto, los juicios subjetivos de valor que introduce el propio autor en comentario.

Por último, aunque no menos importante, también habría que definir el alcance del concepto del vocablo *gobernabilidad*, sobre el cual nosotros ya hemos emitido opinión[24]. Lamentablemente, el autor que ahora estamos analizando no se expide con claridad en qué sentido está usando esta palabra. Pero del contexto de su exposición parece creer que existe una suerte de *gobernabilidad democrática* en distinción de otra de signo autoritario o hegemónico (como expresa en una nota introducida en la página 299 de la obra que explicamos). Como ya expusimos, lo común es que por "gobernabilidad" se conciba aquella situación en la cual "A" ejerce el mando (control, dirección, etc.) sobre "B".

---

[24] Ver mi nota En torno a la "gobernabilidad"

Política, burocracia y economía

Si a lo que el autor que ahora examinamos quiere referir es a la *gobernabilidad* ejercida por el cuerpo político sobre el resto del pueblo, no podremos, en modo alguno, estar de acuerdo con el aquel. Pero si, en cambio, quiere aludir a lo que nosotros llamamos *democracia liberal y republicana* conforme la hemos definido en el artículo citado[25] coincidiremos. En suma, y para concluir este punto, si la *gobernabilidad* de la que se habla, y si el *proceso económico* mencionado en la cita, es producto de un proceso político liberal republicano democrático, en este supuesto, si podremos llegar a un acuerdo con el autor. En caso contrario, no.

"El segundo, el proceso político que busca vincular a los ciudadanos con las decisiones públicas colectivas y dar a éstas legitimidad y capacidad de ser cumplidas. Estos dos procesos dependen el uno del otro".[26]

Aquí tenemos otro párrafo difícil que intentaremos de ir desentrañando en la medida que nos resulte posible.

Lo primero que se advierte en la redacción es el empleo (hasta un cierto punto abusivo) de un lenguaje hipostático. Así, se habla de un "proceso político" como si este fuera una entidad autónoma, con vida, voluntad y decisión propia. Nótese que se sugiere a aquel como que "busca vincular a los ciudadanos…", "dar a éstas legitimidad y…". Parece olvidarse -o directamente negarse- que cualquier proceso político involucra necesariamente a personas concretas humanas, cada una de ellas con proyectos y voliciones distintas que no pueden subsumirse (ni menos aun reducirse) a la de ningún ente autónomo que carezca de existencia real, visible y audible. A la inversa, el proceso político es el resultado de ciudadanos que, en forma individual, lo crean, adoptando esas personas concretas decisiones individuales que, sumadas, proporcionarán como resultado lo que el

---

[25] Ver mi nota En torno a la "gobernabilidad"

[26] Eduardo Wiesner. "La economía neoinstitucional, la descentralización y la gobernabilidad local". Capítulo VI, en Ludes-Rublo, …Ob. Cit. Pág. 325

autor citado da en denominar "decisiones públicas colectivas" con todo lo recusable que implica esta última fórmula verbal.

También discrepamos en cuanto a la relación de dependencia que el ensayista otorga a ambos procesos.

Desde nuestra visión, el proceso político depende del económico, hallando que este último sirve de marco-base de aquel. Toda relación humana, en definitiva, está asentada operativamente en un conjunto de interacciones que son posibles en un previo contexto económico. Recordemos que, para tal decir, seguimos la definición de economía adoptada por la Escuela Austríaca de Economía, que sostiene por tal la acción de elegir, optar, preferir una cosa en lugar de otra. Y que no se reduce exclusivamente a los aspectos crematísticos con los cuales se identifican todas las demás definiciones de economía, que difieren de la concepción de esta original escuela del pensamiento económico.

En un sentido mucho más amplio, diremos que todos los procesos sociales están enmarcados en uno previo (y mucho más amplio) de índole económica que, a su turno, puede ser cataláctico o praxeológico.

"Es imposible mejorar significativamente la eficiencia económica si no hay un interés real de la comunidad local para obtener ese objetivo. Y no habrá desarrollo político significativo a nivel local si la comunidad no encuentra que es de su interés real el participar activamente en ese proceso. Mientras la comunidad no participe, simultáneamente, en el proceso económico y en el proceso político no habrá mayor gobernabilidad, definida ésta como la capacidad de la comunidad para resolver sus problemas, tomando decisiones públicas colectivas y supervisando la ejecución de esas decisiones"[27].

Nuevamente, topamos con otro giro hipostático. Como ya expresáramos tantas veces, la comunidad no tiene ni puede poseer

---

[27] Eduardo Wiesner. "La economía neoinstitucional, la descentralización y la gobernabilidad local". Capítulo VI, en Ludes-Rubio, ...Ob. Cit. Pág. 325.

intereses como tal, ni reales ni de ninguna otra clase, por las mismas razones dadas antes y siempre. La "comunidad", como cualquier otra palabra que designe a un ente colectivo, no es susceptible de ser titular ni portadora de *intereses,* o de cualquier otro proceso volitivo. Solamente a los individuos que la componen les es posible ello, ya que -por definición- una comunidad es tal en tanto y en cuanto esté constituida por individuos (de lo contrario no habría existiendo "comunidad" alguna).

Otra expresión enigmática consiste en la de "desarrollo político". Esto puede interpretarse de muchas maneras posibles. Pero, dada la orientación que el autor parece suministrar a su texto, aparentemente deberíamos derivar que quiere indicar un desarrollo de tipo democrático. Pero, si esto es así, echamos de ver que, si los ciudadanos que conforman esa comunidad no encuentran ellos de su interés participar en un "desarrollo" de tal naturaleza, es porque sus inclinaciones no van en esa dirección, sino en otra, que bien podría ser una contraria.

Gobernabilidad, orden espontáneo y distribución

"La clave del fortalecimiento de la gobernabilidad democrática a nivel municipal está dada por la participación política y fiscal de los ciudadanos en la gestión pública de sus comunidades. De esta manera la negociación interna, entre ellos, sobre sus prioridades y sobre sus necesidades colectivas, les convierte en factores de estabilización y en moderadores de sus propias expectativas. De este proceso surge una especie de "orden espontáneo". Una gobernabilidad endógena y sostenible. El simple reparto induce inestabilidad y acentúa la pugna por más recursos gratuitos".[28]

---

[28] Eduardo Wiesner. "La economía neoinstitucional, la descentralización y la gobernabilidad local". Capítulo VI, en Rolf Lüders-Luis Rubio-Editores. *Estado y economía en América Latina.* Por un gobierno efectivo en la época actual. CINDE

Es casi redundante afirmar que "la participación política y fiscal de los ciudadanos en la gestión pública de sus comunidades" fortalecerá "la gobernabilidad democrática a nivel municipal" porque es prácticamente decir lo mismo con otras palabras. Si el sistema adoptado es democrático representativo, por definición será de ese mismo modo y no de otro. Por ello, la clave, en realidad, consiste en definir qué tipo de régimen democrático se pretende describir, para no caer en obviedades como las que parecen surgir de la cita anterior. En la democracia representativa -sea está a cualquier nivel- municipal, regional, estatal, nacional, etc. la participación ciudadana viene dada por la acción de sus representantes, en ambos órdenes: el político y el fiscal, ya que como hemos dicho, las decisiones políticas y fiscales no serán ninguna otra cosa que la plasmación de las voluntades ciudadanas expresadas a través de la elección de sus mandatarios. Sólo en este tipo de democracia ello es posible.

Excepto que el autor comentado se quiera referir a una democracia directa, lo que él llama "negociación interna" no es "entre ellos", sino entre sus elegidos a través de los órganos deliberativos previstos en el ordenamiento organizativo local, que puede ser -como en el caso de la ciudad de Buenos Aires- su Constitución. Párrafo aparte merece la alocución "necesidades colectivas" desde nuestro punto de vista del todo recusable. No reputamos existente ninguna clase de "necesidades colectivas". Las necesidades siempre son individuales y pueden ser coincidentes en alguno que otro punto, pero esa concordancia no las transforma en "colectivas" por sí mismas. La idea de "necesidades colectivas" trasunta la existencia de "necesidades" separadas de las personas que verdaderamente las están experimentando, creando una suerte de entelequia que desfigura la realidad vital en torno de la cual las necesidades -y todo lo demás- existen.

En indistinto caso, es dable destacar que si la intención del autor es diferenciar un régimen participativo de otro de tipo autoritario (como así parece surgir del contexto completo de su artículo) no podemos dejar de adherir a sus comentarios, más allá de la imprecisión de ciertas expresiones utilizadas por aquel, las que, no obstante, no empañan su intención final.

En relación al *orden espontáneo* al que alude, discrepamos en cuanto a la disposición, que consideramos inversa a la que refiere. Es del *orden espontáneo* (entendido de la manera en que lo fundamentó F. A. v. Hayek) de donde surgen el resto de los mecanismos sociales y no a la inversa. En tal sentido, es del *orden espontáneo* de donde aparecen los sistemas políticos, económicos, y lo que la cita denomina "gobernabilidad". El *orden espontáneo* es el origen y no el resultado de tales fenómenos. Y, como ya dijimos antes, es preferible abandonar el término "gobernabilidad" por no ser preciso y demasiado ambivalente. Por último, una vez más será necesario insistir que los recursos nunca son "gratuitos". Nada hay "gratis" en la vida.

"Si se adopta un sistema de transferencias que no estimula significativamente la mejor gestión pública local -en lo fiscal y en lo político- se corre el riesgo de que la descentralización debilite la gobernabilidad"[29]

Puede que no debilite necesariamente la gobernabilidad, pero sí que lo haga con la economía del lugar donde se apadrinen tales prácticas. Posiblemente cambie el signo de la gobernabilidad, y que ésta pase de democrática a autoritaria (lo que es bastante probable y es casi una tendencia en muchas partes). En tal caso, la gobernabilidad no se aminoraría, sino que simplemente trasmutaría su carácter. Si esta fuera la cuestión, de la descentralización se pasaría a la centralización, precisamente la consecuencia contraria a la que indica el autor citado.

"El simple "reparto" de recursos induce inestabilidad y acentúa la pugna por más recursos. De esta manera no se estimula la sana competencia por más eficiencia y por mejor

---

[29] E. Wiesner. "La economía neoinstitucional, la descentralización y la gobernabilidad local". Capítulo VI, en Ludes-Rubio, ...Ob. Cit. pág. 327

equidad. Casi ningún gobierno central podrá moderar las exigencias y las presiones si, desde un comienzo, las transferencias no fueron diseñadas para actuar como incentivos reales a una mejor gestión pública territorial."[30]

El simple reparto de recursos desalienta la generación de más recursos y -a su turno- amortigua los subsiguientes repartos de recursos. Es una cadena inexorable. No obstante, hay que aclarar que esto sucede exclusivamente cuando el reparto de recursos económicos es político, y no fruto de un proceso de mercado. Este último, conlleva como efectos simúlatenos y concomitantes los mecanismos de producción y distribución. Si este sistema de mercado quiere reemplazarse -en similar medida o grado- por otro político, el de mercado se quiebra y el corolario es el despilfarro de capital y el empobrecimiento paulatino, tanto de los destinatarios como de los generadores de recursos económicos.

La competencia de mercado será sustituida por una simple puja por obtener las dadivas que generosamente distribuya el gobierno a desigual nivel político, (municipal, provincial, nacional) en la mayor cuantía posible y por parte de los grupos de presión más fuertes (sindicales, comerciales, empresariales, asociativos de diferente orden, etc.).

Ningún gobierno podrá moderar las exigencias si las trasferencias de recursos no obedecen a un orden de mercado libre por completo de injerencias estatales de cualquier tipo. En donde el orden del mercado es desplazado por otro político la derivación será siempre el descalabro social (político, económico, etc.)

El sueño de nuestros dirigentes

"Suele hablarse, hoy en día, de «ingeniería social». Ese concepto, al igual que el de dirigismo, es sinónimo de

---

[30] E. Wiesner. "La economía neoinstitucional, la descentralización y la gobernabilidad local". Capítulo VI, en Ludes-Rubio, ...Ob. Cit. pág. 327

dictadura, de totalitaria tiranía. Pretende tal ideario operar con los seres humanos como el ingeniero manipula la materia prima con que tiende puentes, traza carreteras o construye máquinas. La voluntad del ingeniero social habría de suplantar la libre volición de aquellas múltiples personas que piensa utilizar para edificar su utopía. La humanidad se dividiría en dos clases: el dictador omnipotente, de un lado, y, de otro, los tutelados, reducidos a la condición de simples engranajes. El ingeniero social, implantado su programa, no tendría, evidentemente, que molestarse intentando comprender la actuación ajena. Gozaría de plena libertad para manejar a las gentes como el técnico cuando manipula el hierro o la madera."[31]

Creo que puede decirse que lo descripto arriba es no solamente el sueño de nuestros actuales dirigentes, sino el de muchos quienes aspiran a convertirse en tales, y que, en una medida muy importante, nuestras escuelas y universidades educan a las nuevas generaciones con esta idea como objetivo. Es el error -a nuestro juicio- de quienes hacen excesivo hincapié en la necesidad de contar con líderes y dirigentes capaces, en lugar de educar a la gente para que cada ciudadano o habitante se transforme en un líder y/o dirigente más capaz de dirigirse a sí mismo y no tan preocupado en ver cómo puede lograr controlar y regir la plana de sus semejares. Volvemos a hacer énfasis en la educación, porque es en esta instancia donde se forjan los ideales dirigistas que harán creer -en su hora- a quienes reciben, ya sea activa o pasivamente, tales doctrinas que el destino del mundo de los demás esta "por completo en sus manos". Sin embargo, los efectos prácticos del dirigismo suelen ser los que se señalan a continuación:

"Cierto es que, en la actualidad, al amparo de las situaciones creadas por el dirigismo, resúltales posible a muchos enriquecerse mediante el soborno y el cohecho. El

---

[31] Ludwig von Mises, *La acción humana*, tratado de economía. Unión Editorial, S.A., cuarta edición. Pág. 184

intervencionismo ha logrado en numerosos lugares enervar de tal modo la soberanía del mercado, que le conviene más al hombre de negocios buscar el amparo de quienes detentan el poder público que dedicarse exclusivamente a satisfacer las necesidades de los consumidores."[32]

Una situación que viene lamentablemente repitiéndose desde la lejana época en que estas palabras fueron escritas por vez primera hasta hoy. Como tantas veces hemos insistido, parece no percibirse en la actualidad que la corrupción -que tanto espacio ocupa en los medios periodísticos- es hija directa del intervencionismo estatal y no del capitalismo. Allí donde impera el primer sistema no puede subsistir el segundo, y esta es la situación del mundo actual, donde difícilmente puede prosperar quien quiera dedicarse a honestos negocios, porque -más tarde o más temprano y en la medida de su éxito- caerá sobre él el gobierno para fiscalizar sus ganancias y tomar muy buena parte de ellas.

> "Por *Volkswirtschaft* se entiende el complejo que forman todas las actividades económicas de una nación soberana, en tanto en cuanto el gobernante las dirige y controla. Es un socialismo practicado en el ámbito de las fronteras políticas de cada país."[33]

Esta es -ni más ni menos- la situación que vivimos en nuestros días en el ámbito mundial si bien con diferentes grados y variantes. No existe prácticamente actividad alguna en que el gobierno no participe de un modo o del otro, controlando o dirigiendo, y por sobre todas las cosas impidiendo y estorbando a la gente trabajadora a progresar.

> "Mientras subsista, por pequeño que sea, un margen de libre actuación individual, mientras perviva cierta propiedad privada y haya intercambio de bienes y servicios entre las gentes, la *Volkswirtschaft* no puede aparecer. Como entidad real, sólo emergerá cuando la libre elección de los individuos sea sustituida por pleno dirigismo estatal."[34]

---

[32] L. v. Mises, *La acción humana* ...ob. cit. pág. 476
[33] L. v. Mises, *La acción humana* ...ob. cit. pág. 489

Como hemos dicho arriba, ese margen es cada vez más estrecho, ya que hasta en las actividades más domésticas el gobierno mete sus garfios para obtener ganancias derivadas de la actividad de los particulares. Inclusive la moderna tecnología ha permitido a los gobiernos inmiscuirse y controlar cada vez más y con mayor precisión a sus también cada vez más indefensos ciudadanos. Que ya poco de ciudadanos les queda, para haberse transformado directamente en reales súbditos del amo estatal. Muchos instrumentos el gobierno emplea para tal fin, pero algunos son más importantes que otros. Por ejemplo, el manejo de la moneda es crucial:

"Es indudable que la expansión crediticia constituye una de las cuestiones fundamentales que el dirigismo plantea."[35]

A través de la misma el gobierno consigue un control amplio de los mercados y –a su turno- de las rentas y de los patrimonios de sus súbditos, al tiempo que distorsiona todos los indicadores económicos, entre ellos el fundamental: los precios. Lo que tendrá como inexorable consecuencia malas inversiones y posteriores pérdidas que culminarán perjudicando a toda la sociedad en su conjunto.

"Los intervencionistas, así como los socialistas no marxistas, por su parte, tienen interés no menor en demostrar que la economía de mercado es, por sí sola, incapaz de eludir las reiteradas depresiones. Impórtales sobremanera impugnar la teoría monetaria, toda vez que el dirigismo dinerario y crediticio es el arma principal con que los gobernantes anticapitalistas cuentan para imponer la omnipotencia estatal"[36]

Se trata de tergiversar las verdaderas causas de los ciclos económicos y sus inevitables y luctuosas consecuencias. Origen de los mismos que no se halla en otro lugar que en el intervencionismo

---

[34] L. v. Mises *La acción humana* ...ob. cit. Pág. 493

[35] Ludwig von Mises, *La acción humana*, tratado de economía. Unión Editorial, S.A., cuarta edición. Pág. 837

[36] L. v. Mises *La acción humana* ...ob. clt. Pág. 849

económico, fruto este último que nuestros burócratas dirigistas jamás reconocerán, ya que cuando su sistema irremediablemente fracasa siempre encuentran al mismo culpable: el inocente capitalismo.

El sentido de la lucha política y sus límites

El sentido de la lucha política es el poder económico. Esto no implica -desde luego- que se busque ese poder económico para perjudicar a los gobernados. Muchos políticos aspirantes a conquistar ese poder están animados por las mejores intenciones, algunos hasta son patriotas, aman a sus conciudadanos y quieren hacerles bien. Pero, tanto estos como los pretendientes a tiranizar al pueblo, saben perfectamente que sin medios económicos no lograrán sus fines, sean benévolos o malévolos.

En resumidas cuentas, el poder político se busca siempre por el poder económico, real o potencial, que este otorga a quien lo conquista.

Puesto que, ayudar a la gente o lesionarla puede hacerse sin el poder político, es decir, a nivel individual, el poder político es la única vía que permite conseguir los mismos objetivos a gran escala, a nivel masivo. Otra diferencia es que, para auxiliar o damnificar al prójimo desde el llano quien lo busque debe hacerlo con fondos propios, cosa que también cambia en la órbita política, donde el bien o el mal se hacen siempre con dinero ajeno. Es decir, obtenido mediante el robo.

Los motivos personales del político pueden ser diversos. Por ejemplo, para "sacar el país adelante", "socorrer a los pobres", "dar trabajo" o clisés similares, que son los que -quienes más quienes menos- utilizan todos los políticos. Pero -repetimos- todos ellos saben que esos propósitos, sean sinceros o no, sólo se consiguen gracias al poder económico que el poder político otorga. Y ese poder económico siempre resulta del manejo del dinero de los gobernados. Dinero que se adquiere a través de la fuerza de la ley, ley que se construye, también, desde el poder político. Todo confluye hacia allí.

Necesariamente se hace **siempre** -por definición- con dinero ajeno, es decir, de terceros (gobernados) y no del propio político, porque si la intención fuera de realizarlo con fondos propios lo hubiera hecho antes, sin aspirar a acceder al poder político y sin necesidad de esto último. O sea, la intención del político es siempre usar el dinero de los gobernados, nunca el propio.

La barrera que divide lo político de lo jurídico es hartamente difusa, como demuestra el hecho de que las leyes se hacen en el Congreso que es un poder del estado (el poder legislativo); se ejecutan por medio de la presidencia (que es otro poder el estado, el ejecutivo); y se juzgan desde los tribunales (que es el poder judicial). En otros términos, el poder reside en la ley, y se reparte entre quienes hacen la ley (congreso) quienes la ejecutan (presidente, ministros y secretarios) y los que la juzgan (tribunales). Pero, nuevamente, para las tres funciones se necesita otro poder: el económico de terceros particulares. Este poder *de otros*, los políticos lo consiguen **solamente** desde el gobierno, y es por eso que quieren llegar a este.

Luego de logrado el poder político, el económico lo alcanzan a través del poder fiscal, es decir, la facultad del gobernante de hacer leyes impositivas que les permitan crear, imponer y cobrar impuestos. Y, en el caso de que el contribuyente se niegue a pagar, obligarlo -desde luego- por la fuerza de esa misma ley a hacerlo contra su voluntad. Esa ley tributaria es la llave que le permite a los gobernantes expoliar a sus súbditos y ponerlos a su merced.

Reiteramos que, los designios del gobierno al proceder del modo indicado, no en todos los casos son malintencionados. Claro que, ningún político, excepto un inexperto atolondrado, confesaría en plena campaña electoral que busca llegar al poder con el sólo propósito de lucrar para él, su familia, parientes y amigos. Tal nivel de sinceridad -naturalmente- no la acarrearía demasiados votos. Dado que los políticos siempre prometen a su electorado transformar su país en "el paraíso sobre la tierra" en el caso de que le den sus votos y a ellos el triunfo, la única manera de saber cuáles van a ser sus verdaderas miras es ya puestos en función de gobernar, y esto permite al observador poner a prueba al ganador y no a los perdedores.

Ahora bien, más allá de las verdaderas finalidades de los políticos cuando desean llegar al poder, lo cierto es que quienes alcanzan al mismo serán -a partir de la toma de posesión de su cargo- rehenes del sistema legal imperante. Los nuevos gobernantes no tienen un margen de libre maniobra y actuación tan amplio como comúnmente la gente acostumbra a pensar. A veces (muchas) el electorado vota entusiastamente a un partido o un candidato con la aspiración de que, si gana, cambie todo el orden existente en el país que le toque gobernar. Esta forma de pensar, si bien muy extendida, es en extremo ingenua por lo dicho recién: el electo será víctima o rehén del sistema legal que impere en su municipio, provincia o nación para la que fue elegido.

Esto vale exclusivamente para los sistemas democráticos en tanto se conserven como tales (democracias) porque cuando una democracia formal deviene en una tiranía (como, por ejemplo, la Venezuela de Chávez y Maduro, o el famoso caso anterior de Hitler en Alemania) al tirano le bastará con barrer el sistema legal encontrado a su arribo, y reemplazarlo total o parcialmente por otro y… asunto solucionado.

Con todo, es cierto que muchos gobernantes de sistemas **formalmente** democráticos trataron y seguirán intentando de hacer lo mismo por las vías que las propias instituciones democráticas tienen previstas para el cambio de legislación. Pero, precisamente, en estos regímenes las cosas no les resultarán tan fáciles como en las dictaduras (a menos que ellos mismos decidan convertirse en dictadores, como lo hicieron los mencionados antes).

El poder económico real reside en la capacidad de producción de la economía del país de que se trate. Y este potencial de producción dependerá del capital humano y tecnológico del que disponga esa sociedad. Y ese es el poder que anhelan manejar los políticos, con distintas finalidades. Pero -en cualquier caso- ha de tenerse presente que estarán administrando bienes ajenos, con todo el riesgo que ello implica para sus verdaderos propietarios (empresarios y consumidores). La lucha política es por ese poder económico.

Resistencia a la opresión

Para poder entender el tema de la resistencia a la opresión, es necesario previamente dar algunas nociones básicas sobre la *legitimidad del poder*, para lo cual nada mejor ni más apropiado que la autoridad del Profesor Constitucionalista Dr. Germán J. Bidart Campos que enseña:

"La legitimidad "de origen" y "de ejercicio". 51.— Tradicionalmente se ha hablado, con referencia al poder, de una legitimidad de origen, y de una legitimidad de ejercicio.

a) La legitimación de origen hace al título del gobernante, y depende concretamente del derecho positivo de cada estado, como que consiste en el acceso al poder mediante las vías o los procedimientos que ese derecho tiene preestablecidos. En el estado democrático, se dice que el acceso al poder y la transmisión del poder operan mediante la ley y no por la fuerza.

b) La legitimidad de ejercicio se refiere al modo de ejercer el poder. Genéricamente, podemos decir que si, objetivamente, el fin de todo estado radica en la realización del bien común o valor justicia, la legitimidad de ejercicio se obtiene siempre por la gestión gubernativa enderezada a aquel fin, y, viceversa, se pierde por el apartamiento o la violación del mismo.

La pérdida de la legitimidad de ejercicio proporciona título, con base en la justicia material, y en circunstancias extremas de tiranía o totalitarismo que producen la obturación de otras vías exitosas, para la resistencia del pueblo contra el gobernante. Vamos con ello, en la teoría política, hacia el derecho de resistencia a la opresión y en el derecho constitucional hacia el tema del derecho de revolución.

El derecho de resistencia está previsto en el art. 36 contra los que ejercen los actos de fuerza que la norma nulifica e incrimina (ver N° 53)."[37]

Al referirse al art. 36, el autor citado está haciendo alusión a la Constitución de la Nación Argentina. Un "estado democrático" -de acuerdo al criterio anterior que compartimos- debe reunir, entonces, para su existencia estos dos requisitos, si falta alguno de ellos no podría, pues, hablarse de "estado democrático" sino de una dictadura, tiranía o un estado totalitario. Pensamos que esto último es lo que ha sucedido en la Argentina durante los tres largos e ininterrumpidos gobiernos del FpV (Frente para la Victoria, encabezado por la tenebrosa secta Kirchner, en los que, si bien en apariencia, se habría cumplido la primera de las condiciones (de la cual tenemos justificadas dudas que hemos expuesto en más de una oportunidad y en diversas ocasiones), resulta más que claro que no se cumplió de ningún modo la segunda de ellas.

En efecto, lejos de perseguir "la realización del bien común o valor justicia" dicha secta ha procurado la concreción de metas sectoriales o particulares de afines u obsecuentes al poder detentado durante un dilatadísimo periodo, en que se prostituyó no sólo el valor justicia, sino todos los demás valores y la convivencia misma dentro del seno de la sociedad. Situaciones como la descripta, habilitan el derecho a la rebelión por parte del pueblo sometido al capricho de tales déspotas, sedientos megalómanos insaciables de poder, como tantas veces se los ha visto.

Lamentablemente, los tiranos siempre han hecho hincapié en la primera de las exigencias, omitiendo toda alusión a la segunda, de hecho la más importante de los dos atributos de la legitimidad, dado que la elección de un gobierno se agota simplemente en el acto electoral, en tanto que el ejercicio del mismo conlleva un tiempo muchísimo más dilatado, por cuanto cobra mayor gravedad la

---

[37] Bidart Campos, Germán J. *Manual de la Constitución Reformada* – Editorial Ediar. Tomo I – pág. 84 y 85.

circunstancia de que ese ejercicio se aparte de la realización del bien común o del valor justicia como ha sido el caso.

"50. — Es sugestiva la ubicación del art. 36, que preserva al poder, dentro del rubro de los nuevos derechos y garantías. Por eso, también lo ligamos al sistema de derechos.

En efecto, es fácil entender que el orden institucional y el sistema democrático hallan eje vertebral en dicho sistema de derechos, y que atentar contra el orden institucional democrático proyecta consecuencias negativas y desfavorables para los derechos. No en vano en el art. 36 también viene encapsulado, con definición expresa, el derecho de resistencia dentro del marco genérico que incrimina las conductas que lesionan al bien jurídico penalmente tutelado en forma directa por la constitución, para evitar la ruptura en la transmisión legal del poder. (Ver N° 49).

Es algo así como una cobertura general, con bastante analogía respecto del clásico delito del art. 29 que, a su modo, también tiende a preservar un similar bien jurídico, cuando da por cierto que la concentración del poder en el ejecutivo, o en los gobernadores de provincia, al fisurar la división de poderes pone a merced del gobierno la vida, el honor o la fortuna de las personas."[38]

Cualquier intento de concentración del poder habilita el derecho de rebelión de la ciudadanía para desplazar a ese poder. Y este derecho, se encuentra plasmado en la Constitución de la Nación Argentina, pero, aunque no estuviera por ella contenido hay que concluir que el derecho de rebelión y de resistencia a la opresión no desaparece como tal, por cuanto se trata de un derecho natural del hombre, y no de algo que para ser deba contar con un previo "reconocimiento" positivo legal.

---

[38] Bidart Campos, Germán J. *Manual de la Constitución Reformada.* Tomo III, Ob. Cit. pág. 14/15

No son muchos, lastimosamente, los gobiernos que creen que la soberanía reside -en definitiva- en el pueblo mismo y no en los gobernantes. Por otra parte, queda claro que el abuso de poder es un delito tipificado por la constitución y penalmente sancionado. Los gobiernos no tienen derecho a violar derechos, y esto es lo que justifica plenamente el derecho de rebelión contra un gobierno que vulnera el sistema de derechos que garantiza la constitución. Derechos todos anteriores al hombre y no creados por el hombre.

La "transmisión legal del poder" implica que el poder se trasmite a otra persona diferente a quien lo ejercía hasta el momento en que dicha transmisión ha de tener lugar, es decir, implica la esencia del sistema democrático la alternancia del poder para evitar la perpetuación en el mismo de una o más personas de un único signo.

Los límites del "estado"

Un debate siempre abierto consiste en responder a la pregunta ¿cuáles son las funciones de un gobierno o -formulada de otra manera- ¿para qué se necesita un gobierno? Los pensadores de todos los tiempos, desde la filosofía, la política, el derecho, la economía y -en general- desde lo que se denominan las ciencias sociales, siempre han tratado de dar respuesta a esta pregunta y, por supuesto, no todas las veces (o quizás la mayoría de las veces) han podido ponerse de acuerdo. De esta manera, se ha introducido en el debate si los gobiernos tienen o no funciones *propias* o *básicas* o si estas son *esenciales* o no. Desde nuestro punto de vista, uno de los pensadores que más en claro han tenido este tema ha sido el prócer argentino Juan Bautista Alberdi:

> "¿Qué exige la riqueza de parte de la ley para producirse y crearse? Lo que Diógenes le exigía a Alejandro, que no le haga sombra" (Opus cit., p. y en la tercera se lee que "Si los derechos civiles del hombre pudiesen mantenerse por sí mismos al abrigo de todo ataque, es decir, si nadie atentara contra nuestra vida, persona, propiedad, libre acción, el

gobierno del Estado sería inútil, su institución no tendría razón de existir" ("El proyecto de Código Civil para la República Argentina" en Obras Completas, Buenos Aires, Imprenta de la Tribuna Nacional, 1868/1887, tomo VII, p. 90). Estas dos referencias apuntan a las funciones del gobierno en una sociedad abierta."[39]

Un punto clave cuando se considera que el "estado" tiene (o debería tener) funciones "propias" es la referida al financiamiento de las mismas. Nosotros ya en otra oportunidad nos hemos expedido al respecto, centrando el debate en cuanto a dos puntos: 1) la cuantía de los recursos mediante los cuales se pretende costear las llamadas funciones "propias", y 2) la idoneidad o pericia con la cual esos dineros son administrados. Si la cantidad excede un determinado porcentaje de la renta nacional, y para peor tal enorme cantidad de fondos son mal o peor administrados, resulta evidente que se está produciendo un grave perjuicio a los contribuyentes, que son los que siempre -y en última instancia- costean el gasto estatal (o menos precisamente, denominado "publico"). El aumento del gasto público es una de las tentaciones más grandes de todo gobierno, y se han ofrecido varias y muy interesantes propuestas para solucionarlo:

"quisiera concentrar ahora mi atención en un análisis completamente distinto para reducir drásticamente el gasto público. Se trata de recurrir a la competencia también para este propósito. Esto puede lograrse muy eficientemente a través de un genuino federalismo transfiriendo prácticamente todas las funciones del gobierno central a las provincias o estados miembros. Si esta medida se adoptara, inmediatamente aparecerían potentes incentivos a través de la competencia para reducir gastos puesto que allí donde los impuestos resulten más gravosos hará que la gente se traslade o haga operaciones comerciales en otros estados lo cual también

---

[39] Alberto Benegas Lynch (h) "Homenaje a Juan Bautista Alberdi". (Discurso pronunciado ante la Academia Nacional de Ciencias). pág.2

guiará a las inversiones en general. Al derivar las funciones del gobierno central a las distintas jurisdicciones antes referidas se obligará a los gobiernos locales a usar su imaginación y esforzarse en retener clientela al efecto del consiguiente rédito electoral y para preservar la existencia misma de la política en ese ámbito. La preocupación de limitar el poder a través del federalismo data de muy antiguo pero fue expuesta sistemáticamente por vez primera en el siglo XVIII a través de los llamados Papeles Antifederalistas (paradójicamente más federalistas que los propios Federalistas)."[40]

Por supuesto que suscribimos esta propuesta, al mismo tiempo que, luce como de difícil materialización, no por otras razones que por la falta de voluntad política de los actores que deberían impulsarla, y no porque la misma fuera inviable desde el punto de vista teórico ni practico (que son la misma cosa, al final de cuentas). La tendencia mundial es exactamente la opuesta a lo que el profesor Alberto Benegas Lynch (h) sugiere en la cita anterior. Por desgracia, existe una mayor concentración de los poderes centrales, y en consecuencia la tendencia es hacia la centralización y no hacia su contraria. También anotamos (sobre todo en los países latinoamericanos y -en particular- es muy notorio en un país como Argentina) la predilección de los gobiernos provinciales a hacerse proveer de fondos por el gobierno central, en lugar de elegir la competencia entre distintas jurisdicciones. Es cierto que el sistema legal propende al centralismo e imposibilita, de todos modos, la práctica de un federalismo genuino y sano como el que sugiere el Dr. Benegas Lynch (h), pero también lo es que las distintas provincias (unas más, otras menos) prefieren competir por las migajas que el gobierno central les conceda a través del nefasto mecanismo de la "coparticipación", que optar por un régimen de competencia entre las diferentes provincias. Como sucede en el ámbito empresarial de los sistemas intervencionistas, muchos gobernadores se comportan como aquellos pseudoempresarios que, en

---

[40] Alberto Benegas Lynch (h) "Para bajar el gasto público" p. 1 y 2

lugar de competir por el favor del consumidor, escogen "competir" por ser atendidos en forma preferencial por aquellos burócratas que están en condiciones de ofrecerles algún privilegio o prebenda para su empresa o actividad.

Otra arista del debate (de especial discusión entre los liberales o libertarios) es la función del gobierno en definir los derechos de propiedad. Discusión que se enmarca -en realidad- dentro del *origen del derecho de propiedad.* Un sector de aquellos sugiere que el derecho de propiedad sólo puede ser definido a partir del "estado":

"Algunos libertarios intentan resolver el problema afirmando que quienquiera que el gobierno existente decrete que tiene el título de propiedad debería ser considerado el justo dueño de la propiedad. En este punto, aún no hemos ahondado lo suficiente en la naturaleza del gobierno, pero aquí la anomalía debería ser muy notable, porque con seguridad resulta extraño encontrar que un grupo siempre receloso de prácticamente cada una y todas las funciones del gobierno de buenas a primeras le permita a éste definir y aplicar el precioso concepto de la propiedad, base y fundamento de todo el orden social. Y particularmente, son los utilitaristas partidarios del laissez-faire los que creen más factible comenzar el nuevo mundo libertario confirmando todos los títulos de propiedad existentes; es decir, los títulos de propiedad y derechos decretados por el mismo gobierno al cual se condena como agresor crónico."[41]

Discurso político y paternalismo

No deja de sorprenderme la fascinación que despierta en muchas personas el discurso político.

---

[41] Murray N. Rothbard. *For a New Liberty: The Libertarian Manifesto.* (ISBN 13: 9780020746904). Pág. 42-43

Se gasta mucha energía en discusiones banales propagandísticas.

El debate político es sano, pero en esa materia -como en tantas otras- lo que cuentan son los hechos, las acciones o las realizaciones.

Si la acción no se compadece con el discurso, si no lo acompaña, el discurso se queda en pura cháchara.

Quienes se entusiasman con un discurso político encendido son como niños que esperan ilusionados el cumplimento de las promesas de campaña. Resulta claramente una muestra de inmadurez cívica desde mi punto de vista.

En casos como el de Argentina, en el que la acción política -en una mirada retrospectiva- ha tenido efectos tan destructivos, sólo puede explicarse que la gente siga teniendo fe en políticos sobre la base de los razonamientos precedentes.

A veces, se ha dicho que la sociedad argentina es "adolescente" y que por eso no aprende de sus repetidos fracasos anteriores. Sin embargo, a la luz de los acontecimientos históricos de las últimas décadas, yo he sostenido (y lo sigo haciendo) que nuestra sociedad es *infantil* y no *adolescente*. Es decir, a mi juicio, la sociedad se encuentra en una etapa previa a lo que culturalmente en lenguaje habitual se denomina "adolescencia".

Se acostumbra a rotular convencionalmente de esta manera a diferentes rangos de edades. La infantilidad, la adolescencia, la madurez, adultez, etc. no tienen que ver -a mi entender- con ninguna etapa biológica o etaria.

Son más bien actitudes, modos de comportamiento que adoptan las personas, y que tiene mayor vinculación -creo- con lo adquirido que con lo biológico. En otros trabajos míos he expuesto mis tesis acerca de este punto, por lo que no voy a extenderme demasiado ahora sobre tal aspecto.

Llamo, pues, *infantil* a la cualidad dependiente del niño, que se sabe indefenso, y que espera todo de sus padres o de otros adultos (ascendientes, o sus maestros y profesores).

Política, burocracia y economía

Interpolando tal analogía, puede observarse que la relación entre los gobernados y los gobernantes en Argentina presenta estas características (posiblemente también se de en otras latitudes, pero -de momento- circunscribimos nuestro estudio al caso argentino por ser el que conocemos más de cerca).

El culto al líder, propio de los sistemas fascistas o populistas, es un síndrome que denota elevadas dosis de infantilismo en sus cultores y una demanda de paternalismo dirigida al jefe de turno. Si el que se vislumbra como jefe no revela tener atributos paternalistas sus chances de ser elegido por los votantes caen. De la misma manera que el niño anhela confiar en una autoridad fuerte, que le inspire respeto y la protección que demanda, idénticamente el pueblo infantilista exigirá líderes que lo conduzcan con firmeza, disciplina y decisión. De poseer estos requisitos y de ser suficientemente demostrativo a ese respecto, será elegido jefe y se asegurará una masa de seguidores. Al pueblo infantilista le bastará un discurso encendido, vibrante y convincente, aun cuando carezca de contenido concreto y no sea acompañado por acciones específicas.

Puede ocurrir que un pueblo de estas características carezca de políticos con perfiles paternalistas. En tales supuestos, aquellos que más se aproximen al mismo serán aceptados y elevados al poder. En Argentina, por ejemplo, los Kirchner nunca fueron líderes, pero el enorme vacío de poder que imperaba en el país al tiempo de sus elecciones, sumado a la ausencia de verdadera oposición de los partidos restantes, los ubicó fortuitamente al mando con tan sólo un 22% (primera elección)[42] y un 36,6% y 35,9% (2° y 3° elección) de los votos reales (la prensa de entonces difundió otros guarismos irreales notoriamente inflados)[43]

El *padre autoritario* y el *padre dialogante*

[42] El escrutinio real y definitivo -no publicitado masivamente en los medios- arrojaba en realidad un 16% final.

[43] Ver mi nota Gobernar a través de un mito

Tal como sucede en muchas familias, en las sociedades *paternalistas* se dan dos contornos diferentes de dirigentes políticos que reproducen -a nivel social y a gran escala -los roles del *padre autoritario* y el del *padre dialogante* que suelen manifestarse en el orden doméstico. En Argentina, los gobiernos peronistas y militares cumplieron el primer rol. Los gobiernos radicales el segundo, y en algunos tramos, el primero también. Dado que los primeros gobernaron más tiempo y más veces que los últimos, este hecho nos da con precisión el rasgo socio-político de la sociedad argentina, a saber: la de un paternalismo autoritario. El gobierno de Macri se proyecta como un caso atípico en el marco del folklore político, aunque -por momentos- encuadra dentro del esquema del *padre dialogante*. Un dirigente que manda, pero, al mismo tiempo dialoga, explica y busca el consenso de su "familia" (los gobernados). Es "padre", "amigo" y "maestro" a la vez.

De más está decir que, esta postura socio-política está muy lejos del de un espíritu republicano, en el que quien gobierna es el pueblo por medio de sus representantes, sistema al que también se le denomina *democracia representativa*.

En este, el representante cumple el rol que su misma denominación indica, a saber: se limita a *representar* a su mandante y ejecutar el mandato que le fuera conferido por este. No dirige, sino que es dirigido. Es precisamente lo contrario al paternalismo en el que votante entiende estar eligiendo a un "político-padre".

La evolución de un régimen paternalista hacia otro republicano democrático depende de un sinnúmero de factores, pero entre ellos destacan el *educativo-cultural* como el más significativo.

Hemos hablado muchas veces del legado paternalista derivado del colonialismo de la época de la conquista española y portuguesa en lo que hoy es Centro y Sudamérica, y la parte de Norteamérica que ocupa México. Dispar -y en mucho- al de las colonias instaladas en los hoy Estados Unidos.

Esto implicó que el estilo paternalista europeo fue exportado hacia todos los territorios conquistados. Y este legado *cultural-educativo* -con las mayoría de sus instituciones- se prolongó a través del tiempo hasta nuestros días en la que dicha cultura ha arraigado y, a pesar de los esfuerzos de notables políticos e intelectuales del siglo XIX en tratar de incorporar instituciones y leyes inspiradas en el liberalismo verdaderamente progresista de John Locke, J. Stuart Mill, Adam Smith, Edmund Burke y los que -en general- se conocen como los representantes de la Escuela de Manchester, no han podido conciliar del todo el paternalismo cultural que domina a sus anchas estas latitudes y el liberalismo democrático y republicano que tanto ha hecho progresar a todos los países que -en mayor o menor grado- lo han adoptado.

Decadencia y destino político

Cuando se observa el decadente nivel de los competidores por cargos políticos que habiendo pasado por la función pública se presentan nuevamente como "alternativa" para "solucionar" los mismos males que ellos generaron o contribuyeron a formar, uno no puede evitar reflexionar pesimistamente sobre el futuro político del país. No es que la situación sea irreversible. nunca hemos creído en irreversibilidades de ningún tipo. Pero debemos recordar -junto al decimonónico Lord Acton- que "El poder tiende a corromper" y que "el poder absoluto corrompe absolutamente". Y toda posición política equivale a una de poder, en una cuota que puede ser mayor o menor, pero que -en suma- será apreciada como cuota de poder, a la cual siempre habrá candidatos que la deseen.

La difícil pero importantísima cuestión de la *idoneidad* de quienes aspiran a cargos legislativos, ejecutivos o judiciales es un tema que debe ser objeto de profundo debate y meticulosa reglamentación. No se trata de abrir camino a la institución de una aristocracia, sino que se trata de elevar el paupérrimo nivel intelectual y cultural (menos que básico de nuestros políticos o pretendientes a tales) a estándares elementales, que los políticos argentinos lejos están de alcanzar, y -para peor de males- ningún esfuerzo hacen para ello ni van en esa dirección.

Y si bien el sistema político no debe tender a una *aristocracia*, si -por contraste- debe orientarse hacia una *meritocracia*, o lo más parecido a esta última. No es posible que individuos que han fracasado estrepitosamente en gestiones públicas anteriores pretendan volver a ellas -o similares- sin acreditar condiciones comprobables de capacidad y honestidad, a ocupar los mismos lugares o -peor aún- otros superiores no habiendo cosechado en el ínterin ningún mérito comprobable que lo justifique.

De la misma manera que existen exigencias de admisión y evaluaciones diversas en empleos privados, cursos y exámenes en escuelas y universidades, la carrera política debe -con mayor razón que en aquellos ámbitos- contar con un método de examen público y trasparente que acredite las virtudes suficientes como para continuar en carrera. El modo de implementar un procedimiento semejante será objeto de debate, pero la idea debe comenzar a considerarse públicamente antes que la debacle acaezca. Es una suerte de voto calificado invertido donde, en lugar de calificar al votante, se debe calificar al candidato al cargo para que pueda obtener la categoría de candidato o postulante y -a partir de allí- estar en circunstancias de competir con sus pares de otros partidos.

Pero, como nunca se puede ni se debe "poner el carro delante del caballo" tampoco es posible soslayar que la clase política es consecuencia y producto de la sociedad en cuyo seno nace. Si los estándares de la dirigencia política son bajos, es porque los de la sociedad civil de donde surge esa cúpula política también lo son y en proporción mayor aun, toda vez que los políticos no "aparecen por generación espontánea", ni son el resultado de una repentina o gradual invasión extraterrestre. Son la secuela necesaria de la sociedad de la cual emergen y buscan representar. Si el nivel educativo y cultural de esta sociedad es pobre, la representación política que brote de ella será del mismo tenor.

Planteada de este modo la cuestión, pareciera que entraríamos en un círculo vicioso, en donde -como expresa el célebre dicho- no se sabe que es lo primero "si el huevo o la gallina". Sin embargo, esto es solo aparente. La salida a este supuesto dilema creemos encontrarla en la estructuración de una conducción educativa con ideas claras y firmes, que siente las bases de un cambio cultural en materia de conductas y acciones morales y políticas elevando el nivel. Cuando hablamos de recuperar los valores que hicieron grandes a los países nos referimos enteramente a este aspecto.

En lo político-social es la transformación cultural la que determina la ulterior variación de todos los demás factores que dependen de aquella. Y esta -a su turno- estriba en los contenidos educativos que se impartan en las casas de estudios y sus derivados. Para ello, se necesita una dirigencia educativa bien capacitada, dispuesta y lista para la tarea.

Estas metamorfosis siempre comienzan con una minoría de personas que, ubicada en lugares claves y contando con la preparación necesaria para la labor, disemina las ideas entre una minoría más amplia, y de esta a otras, más y más numerosas, hasta que -con el proceso continuo- se convierten en las ideas dominantes de una mayoría. Todos los giros sociales duraderos -a grandes rasgos- han sucedido de la forma indicada y siguiendo el mismo patrón, aunque sus resultados suelen no ser visibles hasta que, finalmente, el vulgo termina atribuyéndoselos a los "actores" políticos, que no son más que los meros ejecutores de las ideas preponderantes previamente instaladas dentro de la sociedad por los intelectuales y sus seguidores, y a las cuales aquellos no han contribuido a formar -pese a que en el discurso electoral se autoasignan frecuentemente su autoría- sino que simplemente se constituyen en usufructuarios de las mismas, para su propio provecho y el de sus partidarios.

Los acontecimientos políticos de un país no son más que el reflejo de las ideas antes reinantes que campean entre la sociedad civil y política que conforma ese país en ese momento, y que no han sido aceptadas masivamente de un día para otro, sino a través de un mecanismo de mayor o menor duración, pero que nunca es breve.

Es posible que los personajes políticos cambien, que las elecciones las gane otro partido que afirme pertenecer a un signo ideológico diferente, pero a pesar de todo esto, las políticas que se ejecuten, ganen quien gane las elecciones, no podrán apartarse (sino hasta un cierto punto) del eje del debate de las ideas del instante de que se trate.

Este esquema, aplica incluso respecto de los llamados regímenes "revolucionarios" que se instalan por métodos violentos (no electorales). Para ello -no obstante- es necesario que el gobierno que los revolucionarios quieran derrocar haya ido perdiendo paulatinamente apoyo o -lo que es lo mismo- ganado indiferencia popular, de lo contrario la incipiente "revolución" en el corto, mediano o largo plazo fracasará. Al menos, la historia de las "revoluciones" políticas del mundo han demostrado estos componentes necesarios para que triunfen.

Es habitual que el ciudadano común tienda a culpar a los políticos de su suerte cuando es mala y a alabarlos cuando es buena, pero -en rigor- ese ciudadano que vota es el artífice de su propio destino político, y lo bien o lo mal que le vaya resultará -en última instancia- de como vote y a quien lo haga.

No menor, por cierto, es la responsabilidad del ciudadano que vive bajo una tiranía, ya que por muy reducida que sea su libertad y por muy grande que sea su opresión puede, no obstante, decidir si coopera con el régimen o si lo resiste con los medios que tiene a su alcance. En ningún caso puede eludir su responsabilidad final al respecto, viva en democracia o en dictadura. La calidad de sus instituciones estará en manos de sus propias decisiones y acciones públicas, las que sumadas al del resto de sus compatriotas fijará el destino de su patria y el suyo personal dentro de ella.

Política, burocracia y economía

Capítulo 3 Socialismo y liberalismo

Ese diabólico "neoliberalismo"

Abordo nuevamente el examen de la voz "neoliberalismo" porque parece ser que otra vez se ha puesto de moda entre nosotros, y que persisten las confusiones en cuanto a su sentido correcto. Me veré obligado a citarme a mí mismo en algunos pasajes de esta exposición, para poder tener un mejor panorama del tema, ya que lo he explicado varias veces y, en este caso, es importante la reiteración.

Es de notar que, el término es empleado -mayoritariamente- por los enemigos declarados o no ostensibles del liberalismo. Los liberales tenemos en claro que el "neoliberalismo" no es liberalismo.

"Los antiliberales usan como sinónimos las palabras *liberalismo* y *neoliberalismo*. Pero en realidad, estas dos palabras no significan lo mismo. Esto se revela cuando se le pide al antiliberal que describa lo que según él es el *neoliberalismo*. Entonces citan como ejemplo países con monopolios, impuestos altos, salarios bajos, desempleo, elevado gasto público, inflación, etc. Sin embargo, todas estas cosas no son fruto del liberalismo sino de su contrario del antiliberalismo. Y es curiosamente al antiliberalismo al que se le llama *neoliberalismo*, con lo cual la confusión que tienen los antiliberales es mayor todavía, porque no se reconocen como culpables de las políticas que propician, ni de los resultados que ellas producen, que no son más que los nombrados antes en parte."[44]

"Neoliberalismo" es pues -en definitiva- antiliberalismo.

En la cita que sigue tenemos un ejemplo de un desconocedor, tanto de liberalismo como del "neoliberalismo". Veamos lo que dice:

"Si dejáramos a la sociedad a su suerte, sin nadie que planifique y dirija, tal vez llegáramos a la sociedad perfecta del neoliberalismo, pero creemos más bien que la entropía sería cada vez mayor."[45]

El "neoliberalismo" no deja "a la sociedad a su suerte" sino todo lo contrario: interviene en la misma, la planifica y la dirige. Es decir, la cita llama "neoliberalismo" a las *consecuencias prácticas* del estatismo o dirigismo (contrarios al liberalismo). Demuestra ignorar mucho. Sobre todo, que, en el liberalismo, la sociedad -en rigor- no existe, sino que hay individuos que actúan en su nombre. Estos individuos (todos nosotros, incluyendo el autor criticado) son los que planifican y dirigen, no a la "sociedad" en sí misma, sino esas personas a cada una de sus propias vidas particulares, las que -en conjunto- simplemente denominamos "sociedad". El liberalismo no aspira a una sociedad *perfecta*, toda vez que la perfección es ajena a lo humano. Desea una sociedad cada vez más justa, más abundante y rica en bienes y servicios para todos, gozando de liberad para producir lo que cada uno quiera, y para desempeñarse en lo que se encuentre más capacitado, enriqueciendo a sus semejantes para prosperar el mismo. Este es uno de los objetivos del liberalismo.

---

[44] http://www.accionhumana.com/2015/04/liberalismo-mano-invisible-y-mercados.html

[45] Javier Bellina de los Heros - memoriasdeofeo.blogspot.com

Política, burocracia y economía

"A los partidarios del mercado libre nos acusan con asiduidad de defender al "neoliberalismo". Vaya uno a saber "qué cosa" podría ser para nuestros detractores el famoso "neoliberalismo", que -en rigor- no pasa de ser un término peyorativo que usan todos los que no saben nada del verdadero liberalismo, excepto que esta última palabra no les gusta.

Cuando se piden "ejemplos" de "neoliberalismo" se suelen citar países con altos impuestos; monopolios de diverso calibre pero, habitualmente, en manos privadas por decreto o por ley nacional; desempleo; estímulos a las exportaciones; endeudamiento público (en rigor, estatal) y privado y, muy en general, a las políticas económicas seguidas -con desemejantes variantes y grados- en EEUU y Gran Bretaña, y en otras naciones latinoamericanas, durante las décadas de los años 80 y 90 del siglo XX, según los casos. Pues bien, si es a esto lo que se considera "neoliberalismo" ha de saberse que -en lo personal- no soy defensor del "neoliberalismo".[46]

El instrumento favorito del "neoliberalismo" es la suba de impuestos, con la excusa de ser el "único" medio disponible para reducir el déficit fiscal. A esto se le llama el "ajuste neoliberal". En tanto, el liberalismo -en cambio- enseña que (por el contrario) los impuestos deben comprimirse, a la par de la baja del gasto público.

"En realidad, las políticas económicas mencionadas anteriormente y que se atribuyen al "neoliberalismo" no son otra cosa que lo que Ludwig von Mises (y con él la Escuela Austriaca de Economía habitualmente) designó con el nombre de *intervencionismo*, también llamado otras veces sistema "mixto", "hibrido", "dual", "intermedio", etc. que -en definitiva- poco o nada tienen que ver ni con el verdadero liberalismo ni con el capitalismo que, como hemos señalado en otras oportunidades, constituye este último "el anverso"

---

[46] http://www.accionhumana.com/2015/02/economia-neoliberalismo-y-capitalismo.html

económico de "la moneda" del liberalismo. No han faltado tampoco quienes han rotulado aquellas políticas con el nombre de *mercantilismo*, que -en resumidas cuentas- no viene a ser, a nuestro modo de ver, más que una especie del intervencionismo.

Tal ya se ha <u>explicado</u>, como corriente filosófica, moral, política o económica el "neo-liberalismo" **no existe**. Y el empleo de dicho término a nada conduce, si lo que se pretende con el mismo es atacar al liberalismo, habida cuenta que este último nada tiene en común con aquel. En el mejor de los casos, el "neoliberalismo" podría entenderse como un periodo de transición de una economía socialista a otra economía de tipo liberal/capitalista. Pero en la medida que la transición se detenga y no se opere, el "neoliberalismo" no obtendrá resultados diferentes a los que consigue el <u>intervencionismo</u>. El llamado "neoliberalismo" sólo tendría razón de ser si su meta es llegar al liberalismo y no en ningún otro caso."[47]

Es preferible -en doctrina correcta- continuar usando las frases *estatismo, intervencionismo, dirigismo, colectivismo, socialdemocracia, populismo,* etc. y no "neoliberalismo", ya que aquellas expresiones reflejan mucho mejor que este último lo que se quiere representar con él (las tremendas consecuencias ineludibles de aquellos sistemas).

El vocablo "neoliberalismo" sirve también para estos otros propósitos:

1. Busca desprestigiar al verdadero liberalismo, atribuyéndole los fracasos de las políticas estatistas.

2. Enmascara los magros resultados de estas políticas, recubriéndolas con un nombre distinto ("neoliberalismo"). Cuando los gobiernos socialistas fracasan o colapsan (como irremediablemente -a la larga o a la corta- termina siempre sucediendo) inmediatamente culpan de ello al "neoliberalismo". Cuando -según sus particulares parámetros- obtienen algún

---

[47] Ibidem.

"logro" lo atribuyen al socialismo que practican. Pero ambas terminologías traducen el mismo significado: el gobierno interfiriendo en los asuntos particulares, económicos y no económicos.

3. Es una palabra cómoda para los estatistas de todo signo (izquierda, centro o derecha) para eludir sus sentimientos de culpa por sus yerros.

Liberalismo y dirigismo

La asociación común entre *mercado* y *dirigismo* es tan extendida que no han sido pocas las ocasiones en las que la gente escasamente informada (y menos *formada*) ha confundido programas político-económicos con medidas de *libre mercado* o –como usualmente aún se les llama- "liberales". En Argentina, esta falsa vinculación es harto frecuente. Son habituales las referencias al gobierno militar habido entre 1976 y 1983 como "liberal" o "neoliberal". Hasta el día de hoy, una gran pléyade de ignorantes lo sigue rotulando de dicho modo. Pero lo cierto es que, la realidad de aquel periodo fue muy diferente a la de cómo nos la enseñaron después. Para demostrarlo, basta examinar cual fue la política económica seguida por el ministro de economía de aquella época, el Dr. José Alfredo Martínez de Hoz:

"El Dr. Martínez de Hoz, que se definió a sí mismo como "pragmático", "gradualista" y no comprometido con las ideologías "manchesterianas o del laissez-faire", y sí solamente con sus propias convicciones, desarrolló bajo apariencias de "economía libre", una acentuada política "dirigista", aunque de nuevo cuño. Recurrió más a controles indirectos utilizando mecanismos del mercado, que a controles directos orientados a interferir el funcionamiento de éste. Aplicó, a partir de fines de 1978, métodos derivados del "enfoque monetario del balance de pagos", practicando un "dirigismo" sui-géneris, con controles directos sobre las inversiones, el mercado de cambios y el laboral. Permitió el sobredimensionamiento del Estado y de las empresas estatales, financiándolo con endeudamiento externo. La deuda argentina pasó de 9.000 millones de dólares en marzo de 1976 a 29.000 millones de dólares al término de la gestión Martínez de Hoz, quedando pendientes en el momento de su retiro situaciones que, por efecto de arrastre, habrían de elevarla considerablemente durante el período posterior."[48]

Pretender que lo anterior fue una política de "libre mercado" o "liberal" resulta, entonces, en un despropósito total, fruto de mala fe o de ignorancia (en el mejor de los supuestos), aunque -a veces- estos dos últimos factores se combinan, lo que es el caso del ignorante de mala fe, aquel que sabe que ignora, pero no quiere confesarlo, ni quiere tampoco salir de su ignorancia. Esta última categoría de sujetos, suele "dar cátedra" acerca de lo que ignora, no con ánimo de convencer al contendiente, sino –la mayor parte de las veces- con la intención de vencerlo, cansarlo, desalentarlo o -simplemente- tratar de hacerle perder la paciencia. El ignorante de mala fe suele ser el típico fanático, el intransigente, el que se niega a ver la realidad o, al menos, conocer puntos de vista disimiles al suyo propio, rehúsa evaluar otras opiniones, es intolerante, obcecado y -con frecuencia- ofuscado cuando se les exhibe la menor objeción a sus palabras.

Sin duda, muchas veces, son los mismos dirigentes políticos lo que explotan la ignorancia económica de la gente, y tildan a sus programas económicos con etiquetas que no los representan. Este no sólo es el caso mencionado en la cita anterior, sino que se ha dado y se sigue dando en muchas épocas y en tantas otras partes del mundo.

---

[48] Robert L. Schuettinger - Eamonn F. Butler. *4000 AÑOS DE CONTROL DE PRECIOS Y SALARIOS* Cómo no combatir la inflación Prólogo por David L. Meiselman. Primera Edición The Heritage Foundation. Editorial Atlántida - Buenos Aires Pág. 251

Política, burocracia y economía

El genuino liberalismo se configura de otra manera, muy disímil a la que sus críticos suponen. Sus bases reposan en quién o en quiénes depositan su confianza los ciudadanos:

"Si se confía más en el juicio de varios que en el juicio de uno solo, como se dijo, necesariamente se concluye que existe confianza en los ciudadanos. Se piensa que los ciudadanos tienen las habilidades y la razón suficiente como para actuar y decidir. Esto significa la negación absoluta de escuelas políticas como el nazismo, el comunismo y el dirigismo estatal, que colocan todo el poder de la sociedad en una elite que niega las habilidades del resto de los ciudadanos. La única posible justificación del intervencionismo es suponer que los juicios y las capacidades racionales de los ciudadanos son inferiores a los de los gobernantes."[49]

Esta es precisamente la clave de la cuestión, y lo que diferencia al mercado liberal del mercado dirigido. El libre mercado se basa en la mutua confianza de las personas, es la sociedad interactuando consigo misma en absoluta libertad, sin directores ni dirigentes que le digan a la gente que es "lo mejor" o lo "más conveniente" para ella misma. El mercado dirigido o intervenido es su perfecta antítesis. Por otra parte, una sociedad libre, siente una natural –a veces sutil, y, en otras ocasiones, profunda- desconfianza hacia sus dirigentes políticos. Hoy en día, es bastante extraño encontrar este último tipo de sociedades. Algunos más, otros menos, el mundo ha llegado a un punto donde -al igual que en la antigüedad preindustrial- los pueblos parecen volcarse decididamente a confiar sus destinos a elites gobernantes.

Uno de los efectos más dañinos del dirigismo -como contrario al liberalismo- han sido y siguen siendo los préstamos intergubernamentales, tan populares y aceptados hoy en día. Pero:

---

[49] Eduardo García Gaspar. *Ideas en Economía, Política, Cultura.* Parte I: Economía. Contrapeso.Info 2007. pág. 45

"En resumen, la ayuda exterior de gobierno a gobierno fomenta el estatismo, el dirigismo, el socialismo, la dependencia, la pauperización, la ineficacia y el despilfarro. Prolonga la pobreza que pretende remediar. En cambio, la inversión voluntaria de los particulares en la empresa privada promueve el capitalismo, la producción, la independencia y la confianza en sí mismo. Las grandes naciones industriales de todo el mundo recibieron en otro tiempo ayuda mediante la atracción de la inversión privada extranjera. La propia Norteamérica fue ayudada por el capital británico, en la segunda mitad del siglo XIX, para construir sus ferrocarriles y explotar sus grandes recursos naturales. Así es como las zonas del mundo todavía "subdesarrolladas" pueden hoy recibir ayuda en la forma más eficaz para desarrollar sus grandes potencialidades y elevar el nivel de vida de sus masas."[50]

La conquista de la "justicia social"

La lucha contra la *desigualdad* se ha convertido prácticamente en un "frente de combate" donde no son pocas las personas que se enrolan. Posiblemente la mayoría lo hace, incluyendo teóricos y analistas, sin faltar, por supuesto, probablemente también la mayoría de los economistas del *mainstream*. Entre estos últimos, los dedicados a temas impositivos han popularizado la *teoría de la capacidad de pago* que -en términos breves- viene a rezar el tan conocido hoy en día criterio que los impuestos deben ser "mayores para los que más tienen", lo que ha dado origen a la consigna tan en boga -hoy como ayer- que dice "que paguen más los que más ganan". De allí, se ha llegado a otra teoría también propuesta por esta misma clase de personas, "la teoría del impuesto total":

"2. EL IMPUESTO TOTAL. La justicia social que, a través de la teoría de la capacidad de pago, se pretende implantar es la

---

[50] Henry Hazlitt. *La conquista de la pobreza*. Unión Editorial, S. A. Pág. 196

igualación económica de todos los ciudadanos. En tanto se mantenga la menor diferencia de rentas y patrimonios, por ínfima que sea, cabe insistir por dicha vía igualitaria. El principio de la capacidad de pago cuando se lleva a sus últimas e inexorables consecuencias exige llegar a la más absoluta igualdad de ingresos y fortunas, mediante la confiscación de cualquier renta o patrimonio superior al mínimo de que disponga el más miserable de los ciudadanos."[51]

No hace falta razonar mucho para darnos cuenta que -llevado al extremo el mecanismo indicado en la cita- la sociedad completa en su conjunto caería a niveles de pobreza tan profundos que difícil seria recuperarla a los que podría haber tenido antes de la implementación de las políticas redistributivas, porque resultaría arduo (sino imposible) volver a convencer a los que —antes de ser decomisados- producían a que volvieran a hacerlo, dado que bastaría el simple hecho de que alguien produzca algo por valor de 1 para que le sea confiscado si el resto de sus congéneres no producen absolutamente nada. Y va de suyo que, la "justicia social" clama porque así sea, dado que, si A produce 1 y el resto de sus vecinos nada, una situación semejante estaría quebrando la "igualdad" de todos ellos. Y con esta, la de la supuesta "justicia social" implicada en el asunto. Es decir, una sociedad en la que impera la "justicia social" más plena y absoluta sería -al mismo tiempo- la más miserable de todas las sociedades existentes sobre la faz de la Tierra.

"Los modernos paternalistas, al menos en un aspecto, son más consecuentes que los antiguos socialistas y reformadores sociales. No identifican ya la justicia social con arbitrarias normas que todos habrían de respetar, cualesquiera fueran sus consecuencias sociales. Admiten el principio utilitarista. Los diferentes sistemas económicos, reconocen, deben ser enjuiciados según su respectiva idoneidad para alcanzar los objetivos

---

[51] Ludwig von Mises, *La acción humana, tratado de economía*. Unión Editorial, S.A., cuarta edición. Pág. 1068/1069

que el hombre persigue. Olvidan, sin embargo, tan buenos propósitos en cuanto se enfrentan con la mecánica del mercado. Condenan a la economía libre por no conformar con ciertas normas y códigos metafísicos que ellos mismos previamente han elaborado. Es decir, introducen así, por la puerta trasera, criterios absolutos a los que, por la entrada principal, negarían acceso. Buscando remedios contra la pobreza, la inseguridad y la desigualdad, poco a poco van cayendo en los errores de las primitivas escuelas socialistas e intervencionistas. Inmersos en un mar de absurdos y contradicciones, acaban invariablemente apelando a la infinita sabiduría del gobernante perfecto, a esa tabla de salvación a la que los reformadores de todos los tiempos siempre al final se vieron obligados a recurrir. Tras mágicos vocablos, como «Estado», «Gobierno», «Sociedad» o cualquier otro hábil sinónimo, invariablemente esconden al superhombre, al dictador omnisciente."[52]

En el fondo, la "realización" de la "justicia social" se espera se plasme en ese "superhombre", o "dictador omnisciente", dado que todos poseen diferentes ideas acerca de *que es* lo que *debería ser* la "justicia social", en definitiva las disímiles opiniones sobre su *esencia* y de cómo realizarla mejor, han de terminar recayendo en ese dictador, líder, conductor, jefe, duce o Führer carismático de turno, hasta el punto que el propio concepto de "justicia social" se cofunde con el de la persona misma que encarne al jefe o líder, ya que como bien se señala "Tras mágicos vocablos, como «Estado», «Gobierno», «Sociedad» o cualquier otro hábil sinónimo, invariablemente esconden al superhombre, al dictador omnisciente" y es -en suma- de este o de estos (puede ser uno o muchos) de quién se espera que delimite y ejecute dicho "ideal".

Sin embargo, no existe tal cosa como "la infinita sabiduría del gobernante perfecto". No sólo porque *lo perfecto* es ajeno a la condición humana, sino porque tampoco coexiste ninguna "infinita

---

[52] Mises L. V. *La acción humana* ...ob. cit. pág. 1229 a 1231

sabiduría" exactamente por idéntica razón, lo que no implica que sean pocas las personas que, si creen en su existencia, no faltando tampoco aquellos que se juzgan a sí mismos exclusivos depositarios de tan celestiales privilegios por sobre los demás. La realidad indica que, tras la máscara del *estado-nación*, del *gobierno*, de la *sociedad* o de cómo se le quiere denominar, sólo hay seres humanos, tan falibles e imperfectos como cualesquiera otros (e incluso más falibles aun que los demás), y que por el sólo hecho de elevarlos circunstancialmente a un cargo público parecería reputárselos provistos de cualidades *cuasi* o *semi* divinas y de "excelsa bondad" por encima de la de cualesquiera otros. Resulta conjuntamente arbitrario y extremadamente peligroso querer dotar a cierto número de personas de la facultad de determinar lo que sería justo o injusto "socialmente" por el sólo hecho de haberlas encaramado en lo más alto del poder. Ya que, al fin de cuentas, lo justo o injusto "socialmente", siendo imposible de establecer de manera objetiva, se dirime ineludiblemente por criterios puramente personales, que se corresponden siempre a los del jefe o caudillo -como tantas veces se ha visto- y los que necesariamente han de ser arbitrarios y provisorios por ser tales.

El mensaje liberal y su efectividad

Asistiendo a las controversias entre liberales sobre comunicación del liberalismo a los no-liberales y estilos para ello (polémicas en las que nunca me ha agradado intervenir porque creo que no es demasiado conducente) diré ahora algunas pocas palabras.

En Argentina -y después de aproximadamente 1920 en adelante- el mensaje liberal nunca fue demasiado efectivo. Menos aún de aceptación masiva. Solo existió un muy breve periodo durante la década del 80 y comienzos de la del 90 en que el mensaje liberal tuvo una importantísima aprobación en el país.

Ello fue de la mano de la conjunción del trabajo de un numero de pensadores liberales que coordinaron las ideas, por un lado, con la acción política por el otro. Casi una coordinación espontánea entre académicos liberales y políticos liberales dio un amplio fruto.

Por primera vez en el país aparecieron cátedras o profesores liberales en la Universidad de Buenos Aires. Y, paralelamente, surgió un partido denominado "Unión del Centro Democrático" más conocido por sus siglas UCEDE.

En aquellos años, la UCEDE organizó un acto político en el estadio Monumental de River Plate logrando asistencia masiva, al punto tal que lo colmó. nada igual se había visto antes. Y en 1989 el mismo partido llegó a ser la tercera fuerza política del país.

Por primera vez en la historia, en el Congreso Nacional hubo numerosos legisladores liberales.

Todo esto comenzó a esfumarse a comienzos de la década del 90 con el acceso de Menem al poder, ya que la UCEDE apoyó incondicionalmente al programa menemista. Es cierto que un importante porcentaje de la UCEDE era conservador. Y entre ese porcentaje conservador y el apoyo de algunos dirigentes de relieve (tampoco todos) a Menem, destruyeron el partido. Literalmente lo pulverizaron.

Pero no solo lo desintegraron, sino que desde entonces el liberalismo cayó en un tremendo desprestigio, del cual, al día de hoy, no ha podido recuperarse.

No obstante, es bueno recordar que en Argentina existió una alternativa política liberal o parecida a ello. Hoy esa alternativa directamente ni siquiera existe.

Si nos atenemos a la historia reciente del liberalismo (brevemente resumida en los párrafos precedentes) juzgo que -hoy en día- en materia de difusión y admisión de sus ideas está en una posición mucho peor que la que tuvo en las décadas del 80/90.

Resulta muy claro: hoy no hay ningún partido liberal de peso en la Argentina. Menos aún legisladores liberales, como si los hubo en aquella época.

La conclusión es clara. Si nos atenemos a los resultados en números, el liberalismo de hoy comunica peor que el de entonces. Y es por ello que nunca después de aquella época volvió a surgir ni un partido liberal ni legisladores liberales. Incluso en el ámbito académico se advierte un retroceso después de aquel entonces.

Y esto no se debe a que los liberales discuerdan ahora entre sí. Siempre hubo desacuerdos y rencillas entre los liberales. Quienes pertenecieron al partido testimonian que la ex UCEDE tenía muchas líneas internas dentro del partido, con visiones del liberalismo totalmente opuestas. Pero -a diferencia de ahora, coinciden- existía algo que no se ve hoy: todas esas líneas y todas esas personas que las integraban se respetaban entre ellas. Disentían en detalles, o en los medios para alcanzar el fin, pero acordaban en el mutuo respeto de las personas y las ideas ajenas. Ningún liberal insultaba a otro liberal. Se discrepaba en los procedimientos, matices, pormenores. Pero no en los fines. Y aquellos liberales comunicaban mucho mejor que los de ahora y con menos medios.

Esto último, desgraciadamente, parece que se ha perdido entre muchos liberales de hoy. No todos. Pero si muchos. Y es a esto a lo que atribuyo que las ideas liberales no tengan hoy día el peso y la penetración que tuvieron entonces.

El éxito de cualquier cosa se mide por sus logros. El liberalismo recién estará avanzando cuando vuelva a tener legisladores liberales, partidos liberales, candidatos liberales. Y vuelva a haber cátedras en muchas universidades que lo divulguen. Pero nada de eso existió después de los hechos narrados antes. Ni hoy tampoco. Y no parece que los liberales de hoy se encaminen en esa dirección.

A ello hay que sumarle las dificultades propias intrínsecas al mensaje liberal. Para entender al liberalismo hay que entender de economía y, como enseña Friedrich A. von Hayek, la economía es una ciencia contraintuitiva, lo que pone a los economistas liberales -aun aquellos que mejor difunden el mensaje- en inferioridad de condiciones respecto de los economistas marxistas, dirigistas, estatistas, etc.

Tal instruye Alberto Benegas Lynch (h) el liberalismo no es un producto que "esté a la venta" y que pueda ofrecerse como si fuera un dentífrico. Si a esto se le suma la permanente descalificación entre quienes quieren arrogarse el monopolio de la comunicación de la filosofía liberal, el panorama no puede ser más desolador. Hoy por hoy, asistimos a una verdadera y triste batalla campal entre pseudo-comunicadores del liberalismo, que no solamente se agreden verbalmente entre ellos, sino que, además, denostan con gruesos epítetos al que piensa diferente, ofreciendo un patético espectáculo ante quienes nunca comulgaron con nuestras ideas, y que menos aún lo harán si un "producto" invendible (como es el liberalismo) se "ofrece" insultando o denigrando a quien se abstiene de comprarlo.

A diferencia del socialismo, no es frente a las cámaras de TV o los micrófonos radiales las vías por donde la gente aprenda y acepte el ideario liberal. No porque el liberalismo sea de inferior calidad al socialismo, ni porque sus verdades sean menores a las de este (de hecho, en el socialismo no hay ninguna verdad identificable) sino porque no todos los medios son aptos para todos los mensajes, dado que lo relevante no es sólo el medio por el cual se transmite el mensaje, sino el contenido del mismo, y al respecto cuentan tanto las formas como los objetivos. Continuando con la analogía del dentífrico, este puede venderse perfectamente a través de un spot publicitario, pero el liberalismo jamás, porque es necesario conocer todo el proceso de producción (desde la materia prima hasta el producto final) cosa que -como afirma el profesor ya mencionado antes- no es necesario en el caso del dentífrico.

El mismísimo premio Nobel de Economía Milton Friedman intentó divulgar el liberalismo a través de una serie de televisión que llevó por título "Free To Choose", una sucesión de varios capítulos basada en su libro homónimo. Como el propio Friedman relata en el libro, la serie fue un fracaso completo y el libro demostró ser más exitoso que la serie misma. Con todo, el liberalismo está en franco retroceso en el mismo país de Friedman, los Estados Unidos.

El camino al socialismo

Será interesante repasar como se gesta el camino al socialismo, tomando como ejemplo la experiencia europea, donde este nació y se plasmó en todas sus formas y variantes posibles. Y de paso recordar, llevados de la mano de un maestro genial, como el socialismo gestó -en última instancia- y permitió la aparición del nazismo y el fascismo, al punto de concluir que, sin el socialismo, tanto el fascismo como el nazismo hubieran sido imposibles.

"En los países de Europa central, los partidos socialistas habían familiarizado a las masas con las organizaciones políticas de carácter paramilitar encaminadas a absorber lo más posible de la vida privada de sus miembros. Todo lo que se necesitaba para dar a un grupo un poder abrumador era llevar algo más lejos el mismo principio, buscar la fuerza, no en los votos seguros de masas ingentes, en ocasionales elecciones, sino en el apoyo absoluto y sin reservas de un cuerpo menor, pero perfectamente organizado. La probabilidad de imponer un régimen totalitario a un pueblo entero recae en el líder que primero reúna en derredor suyo un grupo dispuesto voluntariamente a someterse a aquella disciplina totalitaria que luego impondrá por la fuerza al resto."[53]

Hayek describe aquí las condiciones previas reinantes a la aparición del fascismo en Europa. Su tesis consiste en afirmar que -en primer lugar- el aspirante a dictador debe reunir en torno suyo un "grupo dispuesto voluntariamente a someterse a aquella disciplina totalitaria que luego impondrá por la fuerza al resto". El totalitarismo es sólo posible en la medida en que exista o pueda conformarse un grupo de fanáticos adictos al pretendiente a dictador que lo acepten

---

[53] Friedrich A. von Hayek, *Camino de servidumbre*. Alianza Editorial. España. pág. 176-177

por propia voluntad y -naturalmente- adhieran a sus convicciones, deseos y planes de dominación. Resulta aparentemente contradictorio afirmar que un grupo menor, por mejor organizado que este, pueda aplicar su disciplina totalitario al resto, ya que este *resto* implica un mayor número de personas que las del grupo totalitario. La solución a este aparente dilema por el cual una minoría se estaría imponiendo sobre una mayoría la da -a nuestro juicio- el hecho de que quien detenta realmente la fuerza es quien la ejerce. Lo que parece ser lo explicado en el párrafo siguiente:

> "Aunque los partidos socialistas tenían poder para lograrlo todo si hubieran querido hacer uso de la fuerza, se resistieron a hacerlo. Se habían impuesto a sí mismos, sin saberlo, una tarea que sólo el cruel, dispuesto a despreciar las barreras de la moral admitida, puede ejecutar."[54]

El uso de la fuerza es exitoso en la medida que no encuentre tenacidad alguna que se le oponga. Y esto puede ocurrir cuando solamente aquel o aquellos sobre los cuales se pretende ejercer la violencia se consideraren si mismos ineptos para hacerle cara. No hay otra posibilidad, ya que si estuvieran de acuerdo con los violentos no sería necesario hacer uso de la fuerza por parte de estos ni resistirla por parte de los violentados. Nótese que las reticencias de los partidos socialistas europeos no tuvieron analogía con la del partido bolchevique ruso, que se impuso por la fuerza en lo que luego fue la I.R.S.S. Sigamos con Hayek:

> "Por lo demás, muchos reformadores sociales del pasado sabían por experiencia que el socialismo sólo puede llevarse a la práctica por métodos que desaprueban la mayor parte de los socialistas. Los viejos partidos socialistas se vieron detenidos por sus ideales democráticos; no poseían la falta de escrúpulos necesaria para llevar a cabo la tarea elegida."[55]

Sin duda, esos "reformadores sociales" estarían pensando en la experiencia soviética. La tarea elegida era la de forzar un régimen

---

[54] Friedrich A. von Hayek, *Camino*...ibidem.
[55] Friedrich A. von Hayek, *Camino*...ibidem.

planificado de gobierno. Esos métodos -según parece derivarse del texto- son los antidemocráticos, que fueron los empleados -v.g.- por los rusos. Evidentemente, Hayek no se está refiriendo a los socialistas marxistas, sino a otro tipo de socialistas, ya que es sabido que los marxistas son partidarios expresos del uso de la fuerza, y se hallan en contra de la democracia a la que consideran una superestructura burguesa de dominación, es decir, una ideología en el sentido marxista del término. El párrafo ha de aludir, entonces, a lo que se conoce como el *socialismo democrático*, o bien, *socialdemocracia*.

> "Es característico que, tanto en Alemania como en Italia, al éxito del fascismo precedió la negativa de los partidos socialistas a asumir las responsabilidades del gobierno. Les fue imposible poner entusiasmo en el empleo de los métodos para los que habían abierto el camino. Confiaban todavía en el milagro de una mayoría concorde sobre un plan particular para la organización de la sociedad entera."[56]

Es decir, no reconocían que sus planificaciones no podían lograr el consenso de la gente, sino que debían exigirse por la fuerza, por lo imposible de un acuerdo mayoritario sobre una planificación determinada. Y no deseaban hacer uso de la fuerza para obligarlo, por sus convicciones democráticas (siempre entendiéndose que no se habla de partidos marxistas, sino socialistas no marxistas). Tampoco quisieron convencerse de que sus ansias planificadoras sólo podían instituirse por medio de la fuerza. Aunque no queda del todo claro a que "entusiasmo" se refiere el autor, excepto que la palabra se utilice desde el punto de vista de los fascistas, que si demostraron *entusiasmo* en establecer sus planes por medio de la violencia física.

> "Pero otros habían aprendido ya la lección, y sabían que en una sociedad planificada la cuestión no podía seguir consistiendo en determinar qué aprobaría una mayoría, sino en hallar el mayor grupo cuyos miembros concordasen suficientemente para permitir una dirección unificada de todos

---

[56] Friedrich A. von Hayek, *Camino...*ibidem.

los asuntos; o, de no existir un grupo lo bastante amplio para imponer sus criterios, en cómo crearlo y quién lo lograría."[57]

Esos "otros" eran los nazis fascistas. Lógicamente, si se confiaba en el voto de la mayoría se corría el riesgo que esa mayoría no aprobase la planificación elegida por el panificador. Y el candidato a dictador no podía transitar con un peligro semejante. Pero era necesario que el dictador tuviera algún apoyo que -a su vez- fuera suficiente como para permitirle llevar a cabo sus siniestros planes antisociales.

---

[57] Friedrich A. von Hayek, *Camino*...ibidem.

Política, burocracia y economía

Capítulo 4 Igualdad

La igualdad en la historia

La declamación política de la igualdad jurídica –por una parte– y su manifestación contraria en el campo de los hechos –por la opuesta– no es, en verdad, algo novedoso, ni privativo de los tiempos modernos. Por el contrario, es asunto que se remonta muy atrás en la historia. Comencemos con el antiguo Egipto:

"Según Sánchez Viarnonte, al dividir la historia política de Egipto, considera en el tercer período (del 3400 a 2200 a. C.), especialmente al final del mismo, el apogeo de la monarquía y en ella la consolidación de un principio igualitario en el derecho público, sosteniendo que "ante la ley, todos los egipcios son iguales en derecho, No hay nobles ni esclavos, aunque el Estado utiliza los prisioneros de guerra para la construcción de carreteras, o para trabajar en los dominios de la corona". "La familia -sigue diciendo-reposa sobre la igualdad jurídica de los cónyuges"[58]

---

[58] Dr. Antonio Castagno. Enciclopedia Jurídica OMEBA Tomo 14 letra I Grupo 02. Voz "igualdad".

Política, burocracia y economía

Esa supuesta "consolidación" debió darse en el terreno de la letra de la ley, tal como ocurre en nuestros días también, en donde prácticamente todas las constituciones políticas del mundo proclaman la "consolidación" del mismo principio, en tanto que simultánea o posteriormente, se dictan una pléyade de leyes que consagran privilegios, prebendas y prerrogativas regias a determinado grupos o personas individuales, al tiempo que se les niega a otros. Así, bastaba el simple expediente de decidir quién era egipcio o quien no lo era, para estar incluido o excluido de plano en dicho hipotético régimen "igualitario", al igual que hoy, ciertos regímenes legales, como –por ejemplo- las leyes laborales, determinan quién merece o no merece ser calificado de "trabajador" para gozar o no de sus "beneficios", excluyendo de ellos a quienes -según esas mismas leyes- no disfrutan de "créditos" suficientes como para ser meritorios de tal etiqueta.

> "Pero lentamente la monarquía se va caracterizando por un fuerte absolutismo, apoyado por la clase sacerdotal que se convierte por último en una oligarquía privilegiada, e integrada también por grandes funcionarios administrativos - visires- especie de nobleza que va acaparando beneficios y privilegios e inmunidades. "En adelante, la población se compondrá de nobles privilegiados y de vasallos que dependen de su dueño o señor a título perpetuo, y que se transforman en siervos". "La inmunidad fiscal de que gozaban los nobles hizo recaer todo el peso del impuesto sobre los pequeños poseedores, los cuales arruinados y endeudados, se ven en la necesidad de vender sus tierras a los grandes propietarios, cuando no son despojados de ellas" (9)."[59]

Dado que el poder tiende a concentrarse en el corto, mediano o largo plazo, el fenómeno no puede llamar la atención de nadie que no esté atento a lo que acontezca su alrededor. Porque, salvando las diferencias históricas y contextuales del caso, el esquema corriente de nuestros días es -en esencia- similar: el poder político

---

[59] Castagno, A. Enciclopedia...Ob. cit. Voz "igualdad".

indefectiblemente tiende a crecer y absorber al económico, y la explotación que el estado-nación moderno ejerce sobre sus súbditos contribuyentes al exprimirlos con impuestos, sólo en las formas y modos difiere a la que se describe como sucedida en el antiguo Egipto. La pretérita nobleza se esconde actualmente entre los partidos políticos que normalmente acceden al poder o se turnan en el mismo. A los otrora vasallos ahora se les llama "contribuyentes" que sí lo son, es únicamente por la fuerza de la ley, pero no por la razón de ella. Ya que la ley **injusta** no es propiamente **ley,** aunque técnicamente se la designe así.

> "Siguiendo con la evolución política y social de Egipto, entre los años 2360 y 2180 a. C. corre un período de verdadera revolución social, documentada por algunas piezas arqueológicas halladas, que demuestran un grado de subversión tal en la organización social y política del pueblo egipcio, que da la impresión que todo se hubiera transformado y pervertido. A ese descalabro sigue el advenimiento de la monarquía tebana que organiza un gobierno centralista, apoyado por una clase formada por funcionarios y togados, impulsándose la actividad comercial como base de la expansión y del progreso, aflorando también principios místicos en el culto al Dios Osiris, que trae una igualdad de los hombres ante el Dios, y un sentimiento piadoso que impulsa hacia las grandes peregrinaciones al célebre templo de Osiris en Abydos."[60]

Este párrafo es bien curioso. Parece que el autor opone a la supuesta *transformación y perversión* en la "organización social y política del pueblo egipcio" "el advenimiento de la monarquía tebana que organiza un gobierno centralista". Da la impresión que la alusión al gobierno centralista como "solución" a tal hipotético "descalabro" implicaría que este último estaría representado por algún movimiento federalista (o parecido) en el seno de la sociedad egipcia. Si así fuera, llama la atención las connotaciones que el autor en examen le estaría

---

[60] Castagno, A. Enciclopedia...Ob. cit. Voz "igualdad".

otorgando a la supuesta revolución federalista (la que tilda con los epítetos de *subversión, perversión, descalabro*). Hay un claro tufillo estatista en el comentario citado. Los términos elogiosos, el autor los dedica a la monarquía centralista, a funcionarios y togados. Es decir, a elementos políticos, no civiles. Lo único positivo del comentario estaría representado por el impulso a "la actividad comercial como base de la expansión y del progreso", pero nos quedará la duda de a quien o quienes beneficiaba ese comercio, si exclusivamente a los nobles o (lo más difícil) al resto del pueblo. Es frecuente aludir en la historia al "progreso" en general, pero cuando se indaga más a fondo, con esta palabra se quiere -en realidad- significar a menudo la construcción de obras monumentales, ministerios fastuosos, de templos o ídolos, o palacios, o fortalezas descomunales y bien armadas, flotas provistas para el combate naval, (o, más modernamente, aéreo), obas de ingeniería militar, o a ridículas competencias inter-estados como la tristemente célebre "carrera espacial" otrora llevada entre los EEUU y la URSS, "emprendimientos" estales de los más inútiles, costosos en millones de dólares y llevados a cabo sólo para masajear el ego de los burócratas encaramados en el poder de esos y otros tantos países. Hay gente que se refiere a todo esto como "progreso" lo que nada tiene que ver con nuestra idea de tal cosa.

La igualdad en la antigua Grecia

> "Dice el historiador Reloch que fueron los griegos los que crearon nuestra civilización y por eso la historia de Grecia constituye la página más importante en la historia de la humanidad. En todas las manifestaciones culturales se advierte la depuración de las ideas que luego pasaron a convertirse en las bases de otras civilizaciones. Asimismo, la religión es influenciada y tuvo también su expresión en el campo político y social."[61]

Si esto es efectivamente así, será entonces muy interesante que nos internemos a explorar el estudio de la igualdad en la antigua Grecia. No obstante, como ya es habitual en el tratamiento de este tema, es una constante en la historia el reconocimiento de una desigualdad clasista, por encima de las diferencias individuales. La igualdad ante la ley, como conquista del liberalismo en el siglo XVIII, no se conoció en ningún pueblo de la antigüedad como producto individual. Existía si, una "igualdad ante la ley" de grupos o clases, pero a su turno, estos grupos o clases tenían destinados también grupos o clases de leyes diferentes. De la misma manera, se prostituyó el concepto de igualdad ante la ley en nuestros días, donde existen leyes para comerciantes, empresarios, trabajadores, niños, mayores, empleadas domésticas. Y un sinfín de derivaciones más, que recuerdan y nos llevan de regreso al concepto clasista de igualdad que tuvieron los antiguos.

> "En Esparta una importante clase noble ejercía poderosa influencia y dominaba absolutamente; "y como toda clase que llega a la soberanía del Estado, utilizaba sin escrúpulos para su propio provecho. Los abusos que más vivamente se sentían eran en la administración de justicia, que estaba totalmente en manos de los nobles; tanto más cuanto que el capricho de estos jueces no se veía limitado más que por el derecho consuetudinario, no escrito, sin ley alguna' formulada fijamente."[62]

Como se advierte, tal como sentenciaba el insigne Lord Acton, en todo tiempo y lugar "el poder tiende a corromper y el poder absoluto corrompe insolutamente". No era -en rigor- la condición de noble lo que ocasionaba la explotación que aquellos ejercían sobre los no-nobles, sino que, como el mismo autor se encarga de aclararnos, el problema se suscitaba cuando estos nobles llegaban a la soberanía del estado, es decir se hacían del poder, de donde simple es concluir que

---

[61] Dr. Antonio Castagno. Enciclopedia Jurídica OMEBA Tomo 14 letra I Grupo 02. Voz "igualdad"

[62] Castagno, A. Enciclopedia...Ob. cit. Voz "igualdad".

el problema de fondo consistía en el poder, y no la condición de noble. Si por ventura hubieran sido los plebeyos o descastados los que tomaran el poder, habrían sido estos los que hubieran hecho uso y abuso de su capricho. Interesante la mención respecto que -al menos- se respetaba el derecho consuetudinario. Hoy en día, casi ni eso cabría decirse.

> "Añádase a esto que el Estado no se preocupaba para nada del derecho de sangre, abandonando a la familia del ofendido la función de vengarse como pudiera del ofensor; lo cual, naturalmente, llevaba a que el hombre pobre se sintiera punto menos que indefenso frente al noble distinguido". Esta situación exigía una profunda transformación, pasando el castigo a manos del Estado, con la aplicación del principio del talión, suavizado no obstante por la facultad de transformar la pena corporal en pecuniaria. El movimiento de codificación del derecho penal, favorecido por el desarrollo de la escritura, trae aparejado también la codificación del derecho privado, y un ordenamiento constitucional en el que se advierte el propósito de restringir el círculo privilegiado de los ciudadanos frente a la masa.[63]

Sin embargo, el castigo a manos del estado en nada podría resolver la situación si antes se había dicho que el poder del estado era ejercido exclusamente por esos mismos nobles. El autor cita el caso de un pobre "ofensor" ante un noble "ofendido" (al menos eso se desprende del contexto citado) pero nada nos dice sobre qué sucedía cuando ambos eran pobres (ofendido y ofensor) o ambos nobles (ídem). En rigor, se compara la situación del rico (aquí llamado *noble*) con la del pobre (llamado así). Del resto del párrafo, parece que se adule a algunas leyes o ley que aplicaba el principio del talión (que, en rigor, tiene raigambre bíblica y protohistórica). En suma, el mensaje que aparenta desprenderse de este párrafo es el del inicio del camino hacia una cierta igualdad ante la ley. El autor atribuye a los

---

[63] Castagno, A. Enciclopedia...Ob. cit. Voz "igualdad".

movimientos de codificación -que sitúa desde el penal pasando por el civil hasta el constitucional- como el punto de partida para "restringir el círculo privilegiado de los ciudadanos frente a la masa".[64]

"En algunas ciudades lograron las viejas familias reales conservar el poder y excluir del gobierno a todas las demás estirpes". "En otras ciudades era un círculo cerrado de familias el que llevaba el cargo de gobierno; así, por ejemplo, las cien estirpes entre los laercios, opuntios e itálicos. En otros Estados se llegó a atribuir el derecho total político, no al nacimiento, sino a la propiedad es decir, a la propiedad territorial, según las circunstancias de aquella época. Tal sucedió en Samos y Siracusa. De igual modo en Esparta no era ciudadano con pleno derecho sino aquel que estuviera en disposición de contribuir con los productos de su propiedad a los gastos de las comidas colectivas en las que diariamente se reunían los ciudadanos. En muchas ciudades del Asia menor el derecho político estaba limitado a los que pudieran mantener un caballo de guerra"[65]

Aquí vemos una alusión a un tipo de gobierno de orden aristocrático. Lo que -en principio- permite inferir la exclusión de los no-aristócratas del poder político, característico de la etapa de desigualdad ante la ley de la mayoría (sino todos) los pueblos antiguos. Poca diferencia hace que la pertenencia a una clase aristocrática lo sea en función del nacimiento o de las posesiones. En realidad, el poder político en base a la cantidad de territorio poseído tuvo como origen la conquista. El que conquistaba un determinado territorio se convertía en su dueño, y -por ende- era él quien mandaba.

"En Atenas, los pequeños labradores abrumados de deudas pugnaban por variar su situación y la inminencia del movimiento social se hizo palpable en la época de Solón y favorecida por las divergencias existentes entre las clases privilegiadas. Los derechos políticos fueron graduados según

---

[64] Castagno, A. Enciclopedia...Ob. cit. Voz "igualdad".

[65] Castagno, A. Enciclopedia...Ob. cit. Voz "igualdad".

la fortuna, y la elegibilidad para los cargos más elevados se reservó para aquellos poseedores de una importante extensión de tierra que le produjera una renta anual considerable (500 fanegas de grano o su. equivalente en vino y aceite). Concretamente, una serie de medidas hicieron disminuir "la omnipotencia de los eupátridas y permitió a los pobres defenderse con iguales armas, por procedimientos legales. "Eso es lo que se conoce como la Constitución de Solón y fue corno la carta fundamental de la democracia ateniense, destinada en virtud de los principios mismos que estableció a determinar nuevos progresos en el sentido democrático"; aunque hay que reconocer que dicha Constitución era en parte plutócrata, porque sólo permitía a *los* más ricos ocupar los cargos públicos, y en parte aristócrata, porque sólo podían desempeñar funciones ejecutivas judiciales los hombres de reconocida experiencia."[66]

Al parecer, Solón quiso introducir algo parecido a lo que hoy conocemos como la *igualdad ante la ley*. Con la salvedad que esa igualdad se limitaría a la igualdad política y no a otra, y sería bastante relativa, habida cuenta que -conforme nos explica el autor en comentario- su "Constitución era en parte plutócrata, porque sólo permitía a *los* más ricos ocupar los cargos públicos, y en parte aristócrata, porque sólo podían desempeñar funciones ejecutivas judiciales los hombres de reconocida experiencia". Se puede inferir que esas deudas que afligían a los labradores eran ocasionadas por abusivos impuestos, lo que demuestra la temprana voracidad fiscal del estado, que -en rigor- fue una constante, no exclusivamente en la antigua Grecia sino en todas partes del mundo desde los tiempos pre-bíblicos hasta el presente. Este es un rasgo en que la humanidad no ha parecido avanzar demasiado, excepto en el periodo de la revolución liberal entre los siglos XVIII y comienzos del siglo XX. Desde esta

---

[66] Dr. Antonio Castagno. Enciclopedia Jurídica OMEBA Tomo 14 letra I Grupo 02. Voz "Igualdad"

última fecha hasta el momento en que escribirnos se ha producido un severo retroceso en materia fiscal. Hoy como ayer, el ciudadano está posicionado frente al fisco tal como lo estaban aquellos antiguos labradores griegos agobiados de deudas.

> "Hay que reconocer, no obstante, que Solón prepara el movimiento democrático ateniense, y es con la obra de Pericles que se llega al apogeo de la evolución, consolidándose el principio del gobierno del pueblo y ejercido por los ciudadanos, pero con la observación de que el pueblo sólo estaba integrado por el conjunto de ciudadanos atenienses cuyos padres también lo fueron y tanto es así que aparte de ellos, existían los metecos y por último los esclavos que eran considerados sin personalidad, como un instrumento animado, una cosa con vida (y tal vez con alma). La esclavitud constituía el motivo principal de las luchas políticas y sociales de la Grecia antigua y dividía a la sociedad en dos partes: ricos y pobres. "Esta polarización antitética —dice Corrado Barbagallo— entre la riqueza, o mejor aún, entre la fortuna, y la indigencia, provocaba efectos políticos igualmente malos, dentro de la nobleza y del bajo pueblo"."[67]

Tenemos que inferir de este texto que los pobres eran los esclavos y los ricos sus dueños. Sin embargo, se menciona a los metecos, que únicamente se diferenciarían de los esclavos en que serían hombres libres, pero sin derechos políticos de ninguna clase dado que no se les consideraba ciudadanos, y sólo estos gozaban de derechos políticos. No es difícil imaginar que estos metecos entrarían también dentro de la categoría de *pobres* (aunque no esclavos) ya que -conforme venimos viendo- el poder político los ricos se lo reservaban para sí mismos. Del contexto se infiere que, de la igualdad que se sigue tratando es de la *igualdad política* que aquí el autor identifica con la *democracia*. Ese "gobierno del pueblo" de Pericles era bastante peculiar, dado que estaba reservado a una parte minoritaria de la sociedad ateniense. La circunstancia que no se les

---

[67] Castagno, A. Enciclopedia...Ob. cit. Voz "igualdad"

concedieran derechos políticos a los metecos y esclavos es muy fácil de deducir. Estos constituían la base económica de la clase gobernante (ciudadanos), de conferírseles igualdad de derechos políticos a la de estos, cómodamente se convertirían en clase gobernante y terminarían desplazando a los ciudadanos de su condición privilegiada.

"Del concepto de democracia expuesto por los historiadores y políticos griegos surgen principios de una doctrina moral y política, adquiriendo la democracia un significado humano. Tucídices, en su relato de la guerra del Peloponeso, hace decir a Pericles, en su discurso en homenaje a los atenienses muertos, que "nuestro régimen político es la democracia y se llama así porque busca la utilidad del mayor número y no la ventaja de algunos. Todos somos iguales ante la ley, y cuando la república otorga honores lo hace para, recompensar virtudes y no para consagrar el privilegio. Todos somos llamados a exponer nuestras opiniones sobre los asuntos públicos".[68]

No obstante, ya hemos visto que ese "todos" en realidad era bastante restringido en los hechos. Se limitaba a los ciudadanos, excluyendo a metecos y esclavos que constituían la mayor parte de la población y servían de sustento económico a aquellos. Sin embargo, el concepto -como ideal en sí mismo- resulta brillante, aunque fuera puesto en práctica efectiva muchísimos siglos más tarde con el advenimiento del liberalismo, momento en que el vocablo "todos" adquirió su verdadera significación y se extendió a todos los individuos por igual, y no a los miembros de una determinada casta o clase social. Por lo demás, qué es lo que pretendió decir el autor al expresar "adquiriendo la democracia un significado humano" queda en la más completa de las nebulosas, ya que resulta dificultoso concebir un sentido *inhumano* de la democracia. Lo cierto es que, en las palabras de Pericles, resulta claro que entendía la democracia como el gobierno de la mayoría ("busca la utilidad del mayor número y no la ventaja de algunos") recordando que en la concepción clasista

---

[68] Castagno, A. Enciclopedia...Ob. cit. Voz "igualdad"

griega (y del mundo antiguo en general) ese "mayor número" incluía a la nobleza, excluyendo todas las otras demás clases.

La igualdad en el Antiguo Egipto y la India

Continuando nuestro recorrido de la igualdad en la historia, retomamos el trayecto del antiguo Egipto, donde se impone un concepto de igualdad religioso, lo que cobra relevancia en la época estudiada, porque en dicho periodo lo religioso y lo político se encontraban fuertemente solidificados, siendo fácil instrumento de dominación por parte de tales poderes, los cuales también se hallaban unidos, habida cuenta que el rey se consideraba una encarnación de la respectiva divinidad:

> "Durante el período de la XVIII dinastía se produce una profunda modificación en las costumbres y especialmente en la religión, imponiéndose un dios único y universal (Atón) como exponente de un principio monoteísta e igualitario en la creencia religiosa."[69]

Podemos suponer que resultaba mucho más práctico a los faraones pretender encarnar a una divinidad única en lugar de serlo de la más importante de un cúmulo de dioses diferentes, subordinados y dependientes unos de otros. El autoritarismo creciente que toda posición de poder -tarde o temprano- termina produciendo en quien o quienes lo revisten, puede permitir inferir que impresionaría más a las masas la representación de todo el poder en una única divinidad encarnada que en muchas. El principio igualitario -fácil es concluir- reside aquí en la igualitaria subordinación de todos los súbditos frente al "rey-dios".

> "En la Mesopotamia se desarrolla una interesante civilización, cuya hegemonía ejerce la capital Babilonia, traduciéndose en la unificación del imperio caldeo y apareciendo bajo el reinado de Hammurabi (2000 a. C.) un famoso cuerpo legal que lleva

---

[69] Dr. Antonio Castagno. Enciclopedia Jurídica OMEBA Tomo 14 letra I Grupo 02. Voz "igualdad"

su nombre y que dio "a la vida del pueblo caldeo un ordenamiento que tiene la regularidad y fijeza de una Constitución, organizando la sociedad en tres clases: los hombres libres, los que podrían considerarse semiíitares y, por último los esclavos."[70]

Aquí rebrota el concepto de igualdad entre los iguales, al que nos hemos referido antes. La igualdad se concibe -exclusivamente- entre los integrantes de una misma clase y se rompe fuera de ella. Pero es el estado (a través de la ley) quien define y delimita la noción de "clase", de manera tal que no existe igualdad de ninguna índole entre las desiguales clases. Los esclavos, por ejemplo, eran iguales entre sí en su condición de esclavos y -obviamente- desiguales en relación a los hombres libres y semilitares. Todas las clases eran "iguales" ante el rey, que -a su turno- era desigual respecto de todas las demás clases definidas por él mismo y por debajo de su persona. Desde luego, recordemos, que ninguno de estos artificios legales podía desconocer la natural desigualdad individual de las personas, con absoluta independencia de la de su arbitraria atribución o asignación a una antojadiza "clase social" por parte de funcionario de turno. Los criterios de pertenencia a cada clase eran fijados externamente y resultaban forzosamente arbitrarios. Todavía habría que andar mucho camino para llegar a la idea liberal de igualdad *ante* la ley. La historia de la igualdad es la de la igualdad *mediante* la ley y no ante ella.

"En el siglo XIII a. C. aparece en la India un cuerpo de leyes -el Manara Dharma Sastra, o libro de la ley de Manú- que dio normas para la organización política y social del pueblo. Según el cuerpo legal, la población de la India se hallaba agrupada en cuatro categorías o castas, cuyo origen se atribuye al Dios Brahama; la primera casta, la de los brahamanes, descendía de la cabeza del Dios; los chatrias o guerrcros, dc los brazos; los vaisyas, o comerciantes, de su vientre; y los

---

[70] Castagno, A. Enciclopedia...Ob. cit. Voz "igualdad".

sudras, o artesanos, de sus piernas. Debajo de estas castas estaban los parias."[71]

Básicamente, comencemos diciendo que no hay discrepancias de fondo entre la idea de *casta* y la de *clase social*. Algunos autores suponen que esta última -en oposición de la primera- permite admitir cierta "movilidad de clase" que se encontraría ausente en la noción de *casta*. Pero aun aceptando este punto de vista, el mismo no justifica los criterios arbitrarios con los cuales cada persona quiere definir lo que es una "clase social" y cuáles son los razonamientos que permitirían conocer cuándo alguien pertenece a una y no a otra. En el caso hindú, estaba más que claro que dichas castas -que se creían derivadas de una divinidad- eran inamovibles. Absolutamente estáticas. En última instancia, fueron los gobernantes de la India quienes dictaron el Manara Dharma Sastra y, por tanto, ellos quienes decidieron por todos los hindúes y sus generaciones posteriores quienes estaban asignados a cada casta. En esta sociedad estratificada, la pertenencia viene dada por el oficio u ocupación al que se dedica la persona.

> "Se establece un principio igualitario con respecto a los impuestos, pues se dispone una tributación proporcionada a los ingresos de los comerciantes, teniendo en cuenta el precio pagado por las mercaderías, los gastos de traslado, etc. También se dispone que el impuesto sea reducido para los de la última clase y pequeños comerciantes."[72]

Nuevamente, como vemos, la igualdad se da dentro de la casta, en este caso los vaisyas, lo que implica que el principio igualitario no regia en relación a las tres castas restantes (los parias eran los descastados, ya que no pertenecían a casta alguna). Parece que además de las cuatro castas, existían sub-castas dentro de las mismas. Así lo revela el autor cuando manifiesta que había impuestos distintos para pequeños comerciantes, lo que permite inferir que existía otra sub-casta: la de los grandes comerciantes, y quizás otra más, la de los

---

[71] Castagno, A. Enciclopedia...Ob. cit. Voz "igualdad".
[72] Castagno, A. Enciclopedia...Ob. cit. Voz "igualdad".

medianos comerciantes. Todo lo cual nos recuerda a nuestras "modernas" clasificaciones tributarias, que también nos dividen en *clases* o *castas*: las grandes empresas y las PYMES. O grandes y pequeños contribuyentes. Parece que, a través de los tiempos, en esta materia, poco o nada ha cambiado. Más allá de los contrastes de detalle, el denominador común sigue siendo que la igualdad se dé dentro de la misma clase y no fuera de ella.

Sociedad e igualdad de derechos

"2. *La igualdad en las doctrinas del derecho social.* Las doctrinas que partieron de la sociedad para estudiar al hombre, las doctrinas del derecho social, corno las denomina Duguit, o doctrinas socialistas, se oponen a las doctrinas individualistas (corno es lógico) y sostienen que el hombre es naturalmente social y sometido, por lo tanto, a las reglas que esa sociedad le impone con respecto a los demás hombres y sus derechos no son nada más que derivaciones de sus obligaciones. De allí hace derivar Duguit los conceptos de solidaridad o de interdependencia social, afirmando que todo hombre forma parte de un grupo humano, pero al mismo tiempo tiene conciencia de su propia individualidad".[73]

Evidentemente, el hombre no es una creación colectiva, y estas doctrinas socialistas parten de una clara ficción. El hombre no es "naturalmente" social, si por "natural" se quiere significar *biológico*, porque ninguna *sociedad* puede dar por fruto *biológico* a ningún hombre. En realidad, no puede crear biológicamente cosa alguna. Se olvida que el concepto de "sociedad" es una concepción mental. Una palabra que representa una abstracción intelectual, que no cuenta con existencia física. Si el hombre fuera "naturalmente" social la educación -sobre todo la de los primeros años de la vida- no tendría

---

[73] Dr. Antonio Castagno. Enciclopedia Jurídica OMEBA Tomo 14 letra I Grupo 02. Voz "Igualdad".

ninguna razón de ser y no sería en absoluto necesaria. El niño se comportaría socialmente por obra, gracia y efecto de tal supuesta "naturaleza social", reconocería espontáneamente a sus semejantes y sus derechos, y se autoimpondría límites a su propia conducta, y –todo ello- sin que nadie tuviera que explicárselo ni -mucho menos- recordárselo a cada instante. Tendría –en tal caso- también una conciencia "natural" de sus derechos y sus obligaciones, sin necesidad de que nadie se los enseñara previamente.

Empero, la experiencia más elemental nos demuestra que esto en modo alguno es como se derivaría de tales doctrinas socialistas llevadas a sus últimas consecuencias. La educación cumple su fin precisamente porque el ser humanos no es "naturalmente" social. Debe aprender a serlo, y debe enseñársele a serlo. En cuanto a supuestas reglas "de la sociedad", el razonamiento ha de ser el mismo. La fantasmagórica "sociedad" no instituye reglas, ya que ella no tiene vida física, ni cuerpo, ni mente, ni voluntad, ni acción. Toda regla ha sido originariamente pensada por alguien una primera vez, y dicha regla (norma, ley, etc.,) –en un segundo momento- se ha hecho extensiva a otros, ya sea por imposición o bien por convención. Pero ni en su origen ni implementación esa fantasmal "sociedad" ha desempeñado -ni hubiera podido hacerlo- papel alguno.

"3. *El principio de la igualdad en la sociedad antigua*. La historia de las instituciones, desde la antigüedad hasta las civilizaciones contemporáneas, va mostrando en cada sociedad los matices de su estructura orgánica y especialmente, las distintas clases en que se divide esa sociedad, separadas unas de otras en forma tan absoluta, como si se tratara de mundos distintos, con sus privilegios y sus cargas, con sus derechos y sus obligaciones, con todo y con nada, para unos y otros".[74]

Esta teoría organicista de la sociedad está sujeta a las mismas objeciones que hemos venido haciendo anteriormente. Se habla de la sociedad como de un *ente vivo*. Más aun, como si fuera una verdadera persona humana, o -mejor dicho- sobrehumana, muy por encima de

---

[74] Castagno, A. Enciclopedia...Ob. cit. Voz "igualdad"

cada individuo considerado física y mentalmente. Es precisamente el concepto de "sociedad" el que nos lleva al de *igualitarismo*, y de allí al de "clase social", que nace del conflicto entre el reconocimiento de la ausencia de igualdad de las personas y la necesidad de articular la idea de su existencia, con el sólo objeto de distinguir a los que mandan (clase dominante) de los que obedecen (clase subordinada o esclava). La igualdad ha sido una idea que siempre ha servido a tiranos o a potenciales déspotas.

"El principio de la igualdad de los hombres, en su condición humana no existe en realidad, pues las instituciones de la esclavitud muestran la diferencia abismal entre el noble y el esclavo, degradado éste hasta la situación de cosa o de bestia, aunque aparezca una igualdad que podría llamarse jurídica, pues el que nada tiene nada es; ha nacido en la situación de indigencia, nada lo ampara, vive sólo para las cargas y sin esperanzas".[75]

Aquí se confunde la desigualdad *jurídica* con la *económica*. Un error harto común en muchos pensadores reputados. Tanto las *clases sociales* como la institución de la *esclavitud* no son otra cosa que una consecuencia lógica de la desigualdad ante la ley de las personas, circunstancia no sólo común en la antigüedad, sino en los más "modernos" sistemas totalitarios como el socialismo, nazismo y fascismo, y sus sucedáneos menos violentos y algo más edulcorados. No existe ninguna clase de *igualdad* jurídica que pueda paliar, disminuir ni menos aun suprimir la desigualdad económica de las personas, porque esta es una ineludible consecuencia de los diferentes talentos, aptitudes, destrezas, o ausencia de ellas en cada una de las personas existentes. La igualdad ante la ley -una ley que garantice el uso y disposición de lo suyo y adquirido mediante su propio esfuerzo y dedicación-, es el único instrumento que hará que los hombres no dejen de ser biológica, psíquica y físicamente desiguales, sino que permitirá a cada uno -en la medida de sus capacidades- salir

---

[75] Castagno, A. Enciclopedia...Ob. cit. Voz "igualdad"

airosamente de la indigencia. Obviamente, ello no es posible en sistemas de castas o regímenes legales que otorgan privilegios y dadivas a grupos o individuos (como la mayoría de los actuales).

Hay que hacer notar que, en el curso de la historia, el principio de igualdad ante la ley ha sido declamado en un sinfín de oportunidades e –incluso- los déspotas más despiadados se han llenado la boca y sus discursos recitando supuestos "derechos" de todos "por igual" ante la ley. No obstante, aquellos clamorosos monólogos, escasamente dicho principio se vio plasmado en los hechos, aun en aquellos países que dictaron constituciones que consagraban en forma expresa el mismo en su propio cuerpo normativo.

Corrupción, cohecho e incentivos

Los incentivos para una corrupción menor o nula tienen más que ver con la cuantía de los fondos que maneja la burocracia, de donde una menor cantidad de estos contribuirá a otra menor de corrupción. No obstante, tampoco es cierto que, la solución final a la corrupción residiría en la circunstancia de que el gobierno no maneje ningún patrimonio ajeno (cosa altamente deseable, pero imposible de momento, naturalmente).

Aun así, y como ha señalado agudamente Ludwig von Mises, si bien la corrupción siempre tiene como destino final a la fortuna monetaria, no necesariamente implica un lucro por parte de un funcionario estatal. Cita -como ejemplo- el caso de algún funcionario que, aun sin a cambio de ningún dinero, otorga -teniendo las facultades legales para ello desde luego- permisos, autorizaciones, licencias de producción o de exportación/importación etc. a particulares, sean empresarios o individuos.

No obstante, y pese a que no exista beneficio a título personal del empleado estatal que concede la prebenda, el destinatario de la ventaja burocrática obtendrá un favor ilícito que proviene de la discrecionalidad del burócrata. De donde se deduce con facilidad que la corrupción eternamente tiene como fuente ultima la facultad que las leyes otorgan a los burócratas para conceder o denegar a su arbitrio permisos o prohibiciones a las actividades económicas de los particulares.

Lo que verdaderamente interesa -conforme explica el insigne maestro austriaco- es que el costo de los actos de corrupción perpetuamente será sufragado con peculios que provendrán -en cualquier caso- de los contribuyentes o, en el ejemplo citado, de los clientes del empresario o comerciante favorecido con el privilegio conferido por el burócrata para ejercer su actividad comercial con exclusión de otros potenciales o efectivos competidores.

Pueden darse muchísimos ejemplos de esto último, que vemos a diario en el mundo de la economía. Cuando, por caso, un secretario de comercio fija precios mínimos a un determinado producto, por ejemplo, ganado vacuno, en los hechos, significa que está beneficiando indebidamente a este sector productor en desmedro de los restantes que serán -en definitiva- los que van a sufragar la diferencia entre el precio mínimo y el de mercado junto con los consumidores. Las razones particulares con las que el funcionario del área quiera justificar la medida poco cuentan, ni en nada sirven para cambiar los efectos económicos que -de todas maneras- de adoptarse, se producirán y que serán los señalados. Existe corrupción cuando las ventajas de unos se deben a los perjuicios de otros, ocasionados -unas y otros- por las decisiones de un tercero con poder suficiente como para imponerlas a sus semejantes.

Como observamos, el campo de los actos de corrupción es mucho más vasto que el común de la gente ordinariamente supone. En el ideario popular, se acostumbra asimilar la corrupción con el simple hecho del robo que comete un funcionario público en ejercicio de su cargo. Pero, como ya hemos visto, esto no perennemente es así, aunque sea la forma más corriente de los actos de corrupción. En realidad, lo que el vulgo entiende por corrupción es lo que en doctrina jurídica se denomina el *cohecho*, que jurídicamente se lo define de este modo:

"**Cohecho**. Acción y efecto de cohechar o sobornar a un funcionario público. Constituye un delito contra la administración pública en el que incurren tanto el sujeto activo (cohechante) como el sujeto pasivo (cohechado). En algunas legislaciones, y ello es lógico, se estima que el delito reviste mayor gravedad cuando el cohechado es un juez. Se configura, por parte del funcionario público, por el hecho de recibir dinero o cualquier otra dádiva y aceptar una promesa para hacer o dejar de hacer algo relativo a sus funciones, o para hacer valer la influencia derivada de su cargo ante otro funcionario público, a fin de que éste haga o deje de hacer algo relativo a sus funciones; o, en cuanto al juez, para dictar o demorar u omitir dictar una resolución o fallo en asuntos de su competencia"[76]

Tal se advierte, el cohecho es una forma de corrupción, una de las tantas variantes en las que esta se manifiesta, hasta incluso se podría decir que es la más frecuente, pero no es la única. A menudo, se incurre en el yerro de conjeturar que el sujeto activo del delito es constantemente un particular, y que el sujeto pasivo es un funcionario público. Este error popular tiene que ver con la mentalidad estatista dominante por doquier, que supone -sin mayor asidero ni fundamente que el sólo prejuicio- que los funcionarios públicos, por el mero hecho de serlo, están rodeados de un aura beatifico que los preserva y hace presumir impolutos e inocentes criaturas, inmunes a todo error, y portadores de una moral impecable y a prueba de toda tentación. Esta idea habitual, fruto de la educación estatista a la que -en mayor o menor medida- todos estuvimos sometidos o influenciados, ignora el hecho de que el cohechante puede ser tanto un particular como otro funcionario estatal de mayor o menor jerarquía que el cohechado. En ambos casos -y en último análisis- el dinero que se intercambia entre

---

[76] Ossorio Manuel. *Diccionario de Ciencias Jurídicas Políticas y Sociales*. - Editorial Heliasta-1008 páginas-Edición Número 30-ISBN 9789508850553 pág. 175

cohechado y cohechante es invariablemente dinero privado, proveniente de la exacción producida a través del mecanismo impositivo que detrae recursos a los particulares para ser usufructuados (no siempre del mejor modo) por parte de los burócratas estatales.

Pero el punto, insistimos, es que el cohecho es sólo una modalidad de corrupción. Hay instituciones que están diseñadas para promover la corrupción, lo que se manifiesta cuando las leyes son ellas mismas discrecionales o, lo que en otros términos es cuando la ley (vaya paradoja) no respeta la igualdad ante la ley o, peor aún, la misma ley viola la igualdad ante la ley. Por extraño que parezca, esta es una situación de lo más habitual entre nosotros. Las leyes que fijan precios -por ejemplo- ponen fuera de la ley a todos aquellos que compraron a un precio de mercado y luego se ven obligados a vender a otro precio inferior al de mercado. Esto genera mercados "negros, subterráneas, paralelos" y sobornos y "coimas" de todo tipo.

La idoneidad requisito olvidado

Prevalece en la opinión pública que los malos gobiernos son casi con exclusividad los gobiernos corruptos con exclusión de cualquier otra causal.

Es cierto que el art. 36 de la Constitución de la Nación Argentina dice que:

> "Atentará asimismo contra el sistema democrático quien incurriere en grave delito doloso contra el estado que conlleve enriquecimiento, quedando inhabilitado por el tiempo que las leyes determinen para ocupar cargos o empleos públicos."

Si bien, según el antiguo adagio jurídico "lo que abunda no daña", la norma podría juzgarse innecesaria a la luz del requisito que imponía el art. 16 de la misma Constitución en cuanto a la exigencia de idoneidad, que es mucho más amplio que el de corrupción lisa y llana. Entendemos que el requisito de idoneidad incluye el de incorrupción. Este artículo 16 dice lo siguiente:

"Artículo 16- La Nación Argentina no admite prerrogativas de sangre, ni de nacimiento: No hay en ella fueros personales ni títulos de nobleza. Todos sus habitantes son iguales ante la ley, y admisibles en los empleos sin otra condición que la idoneidad. La igualdad es la base del impuesto y de las cargas públicas."

Ahora bien, la constitución no define completamente qué debe interpretarse por *idoneidad,* lo que nos obliga entonces a recurrir a la doctrina y al lenguaje jurídico político para obtener su concepto. Y en el hallamos el siguiente:

"Idoneidad. Capacidad o capacitación para el desempeño de un cargo o función. En el lenguaje judicial se dice que un perito es idóneo cuando está capacitado para emitir su opinión sobre materias o problemas especiales. En el Derecho Político, el concepto examinado tiene importancia, como se desprende del hecho de que la Constitución argentina determina que todos los habitantes son admisibles en los empleos, sin otra condición que la idoneidad."[77]

Encadenando todos estos conceptos, debe concebirse a la sazón que todo aquel funcionario ("empleado" en los términos del art. 16 de la Constitución de la Nación Argentina) que carezca de capacidad o capacitación para el desempeño de su cargo ("empleo") o puesto no puede actuar como tal.

Será necesario recordar que -en términos constitucionales- *empleados* son todos aquellos que ocupen funciones públicas, desde el presidente de la nación pasando por los legisladores y terminando en todos los jueces. Es decir, abarca a todas las personas que enumera la constitución como formando parte de los poderes ejecutivo, legislativo y judicial.

---

[77] Ossorio Manuel. *Diccionario de Ciencias Jurídicas Políticas y Sociales*. - Editorial HELIASTA-1008 páginas-Edición Número 30-ISBN 9789508850553 pág. 469.

Según autores muy calificados, el art. 16 de la Constitución de la Nación Argentina reconoce como antecedente el siguiente:

"La ley es la expresión de la voluntad general. Todos los ciudadanos tienen derecho a concurrir, personalmente o por medio de sus representantes, a su formación. Debe ser la misma para todos, sea que proteja o sea que castigue. Todos los ciudadanos, siendo iguales a sus ojos, son igualmente admisibles a todas las dignidades, cargos y empleos públicos, según su capacidad y sin otra distinción que la de sus virtudes y talentos" (art. 6 de la Declaración francesa de 1789). El artículo 16 de la Constitución argentina es más sobrio, pero tiene el mismo significado y alcance. Además, es prolijamente analítico."[78]

Mutatis mutandi si los miembros de los poderes establecidos por la Constitución no están capacitados para las funciones que les encomienda esta no estarán cumpliendo con el requisito de idoneidad obligado por el art. 16 de la Carta Magna. Esto se extiende, entonces, a toda la Segunda Parte, titulada AUTORIDADES DE LA NACIÓN, a saber: Titulo Primero - Gobierno Federal -Sección Primera Del Poder Legislativo -Sección Segunda Del Poder Ejecutivo - Sección Tercera Del Poder Judicial -Sección Cuarta Del Ministerio Público - Titulo Segundo Gobiernos de Provincia.

Es decir, no es tan importante ni resulta suficiente que el empleado o funcionario público sea *insobornable*, sino que por encima y con primordial importancia a ello es fundamental que sea **idóneo,** y deviene, además, mucho más fácil de comprobar si existe o no está idoneidad en el ejercicio de la faena que conocer si el funcionario es o no corrupto. Y si no concurre tal idoneidad -pese a la integridad del funcionario- no debe elegírselo ni votárselo. Y si ha sido electo debe renunciar o debe ser removido de su cargo.

---

[78] Dr. Carlos Sánchez Viamonte "DECLARACIONES, DERECHOS Y GARANTÍAS" EN LA CONSTITUCIÓN ARGENTINA. Valoración y análisis. Su práctica. Enciclopedia Jurídica OMEBA-Tomo 5 Letra D Grupo 5

Esto cambia el enfoque popular que se tiene (al menos en la Argentina) donde se confunden idoneidad con integridad cuando no son sinónimos. Un funcionario puede ser integro, pero no capacitado por el cargo al que fue elegido o votado. No puede ejercer el mismo conforme a la constitución como hemos visto. Y si bien en el caso argentino la corrupción ha sido una constante en los empleos públicos, con mayor frecuencia aun y con más sostenida intensidad lo ha sido la ausencia de capacidad y capacitación de los funcionarios estatales, lo cual superó todo los limites negativos demostrables en las gestiones de la familia Kirchner y -antes de ellos- en los tres gobiernos de Perón y su esposa. En menor medida, tampoco cumplieron la condición de idoneidad los gobiernos radicales, en líneas generales.

El peronismo siempre sumó a su total falta de idoneidad para cumplir con el requisito del art. 16 de la Constitución de la Nación Argentina los topes más altos de corrupción de los que haya sido testigo la historia argentina. Batiendo todos los récords con la familia Kirchner y sus secuaces.

Pero sigue siendo importante destacar que, aun sin una "gota" de corrupción tampoco debieron haber gobernado, por más que se demostrara algo o mucho de honestidad (la que tampoco tuvieron ni mínimamente). La ausencia de ambas (honestidad/idoneidad) impide ejercer los cargos creados por la Constitución de la Nación Argentina. En nuestra concepción, la corrupción implica de por si la falta de idoneidad del funcionario y debe ser destituido de inmediato si no renuncia antes. Los ejemplos abundan en la vida: un profesional de cualquier área puede ser un experto en su especialidad, pero si roba será un ladrón, y si comete el acto ilícito con ocasión o en ejercicio de su profesión además de cumplir la condena penal deberá ser inhabilitado para la ocupación de su profesión. Con mayor razón cuando se tratan de los cargos creados por la Constitución Nacional.

La desigualdad laboral de "género"

Con motivo del "día de la mujer" se han reflotado ciertos temas recurrentes, que aluden al ya repetido de la desigualdad de "género", dejaremos de lado la ya debatida cuestión de que lo gramaticalmente correcto es aludir a los *sexos* y no a los "géneros", y nos centraremos en lo que se refiere concretamente a la *desigualdad*. Un informe económico emitido específicamente para ese día declama con cierto tinte de indignación:

> "La tasa de participación laboral de hombres y mujeres aumenta 7 puntos con la llegada del primer hijo …Cae 16 puntos con la llegada del primer hijo. Con la llegada de los hijos, los hombres trabajan más, mientras que las mujeres trabajan menos. 34 horas semanales ocupan en sus trabajos las mujeres sin hijos, 40 horas semanales ocupan en sus trabajos los hombres sin hijos; 30 horas semanales ocupan en sus trabajos las mujeres con hijos, 44 horas semanales ocupan en sus trabajos los hombres con hijos Para las que siguen trabajando, la maternidad incide en la carga horaria laboral"[79]

Parece olvidarse o desconocerse en este informe y en muchos de los debates que se ven, escuchan y se leen por todas partes que, el trabajo no es un *fin* en sí mismo, sino que es un *medio* para obtener un fin, que es un ingreso, y que este ingreso tampoco es un fin en sí mismo, sino que es -a su vez- otro medio para lograr otro fin, que es el de la satisfacción de las necesidades humanas. La eficiencia económica se produce no cuando se trabaja *más*, sino cuando trabajando *menos* se consiguen más cosas. La igualdad que se persigue entre "las horas de trabajo" masculinas y femeninas no tiene ningún sentido lógico, porque los igualitaristas invierten los roles, y ubican las horas de trabajo como *fin* y no como *medio* para llegar al verdadero *fin*. Lo ideal es que trabajando menos ganemos más, y no que -simplemente- todos (hombres y mujeres) trabajemos más. Mas

---

[79] Fuente: IDESA con base en Encuesta Sobre Trabajo No Remunerado y el Uso del Tiempo, INDEC 2013.

absurdo todavía es procurar que las mujeres trabajen más que los hombres.

> "La causa es la desproporción en la asignación de las tareas domésticas. hombres: 3,4 horas, mujeres: 6,4 horas diarias dedicadas al trabajo doméstico no remunerado (El trabajo doméstico no remunerado implica las tareas relacionadas con los quehaceres domésticos, el apoyo escolar y al cuidado de niños)"[80]

Aquí, el error de fundamento es considerar que el trabajo doméstico no está remunerado. Si se parte de la base -como parece inferirse del informe en análisis- de que se está tomando el caso de una pareja conviviente, se prescinde del hecho de que lo que las mujeres ganan menos esta compensado por los que sus esposos o parejas masculinas ganan más, como el mismo informe reconoce al decir que los hombres ganan más que las mujeres. Ergo, al estar compensado, no hay la "desigualdad" que se pretende argüir. Y el informe desecha muchos otros aspectos más, como que, gracias al avance tecnológico, los quehaceres domésticos cada vez son menores, más simples y rápidos de hacer. Los hombres que ganan más que sus mujeres pueden emplear personal doméstico para tales tareas, incluidos apoyo escolar y cuidado de niños. Si sus esposas hacen este trabajo, ello significa un ahorro importante al ingreso familiar, involucrando una mejor calidad en la atención y cuidado de los niños. Y si bien puede hablarse de "desigualdad", esta complementación la suple con creces.

> "Como consecuencia, las mujeres que trabajan ganan menos por mes que los hombres. Cada 100 pesos que ganó un hombre sin hijos, las mujeres sin hijos ganaron 81$. Cada 100 pesos que ganó un hombre con hijos, las mujeres con hijos ganaron 68$. Con la maternidad, la mujer pierde 16% de su ingreso mensual"[81]

---

[80] Fuente: IDESA con base en EPH 2do trimestre 2017

[81] Fuente: IDESA con base en EPH 2do trimestre 2017.

Política, burocracia y economía

Toda retribución que se paga en el mercado obedece a factores que varían conforme a si el mercado es libre o intervenido y muchos otros. El informe analiza un mercado intervenido como es el caso del mercado argentino. En un mercado libre, los salarios están en función de las diferentes productividades marginales que ofrecen los trabajadores. Estas productividades son, naturalmente, disimiles. Las capacidades de todos, hombres entre sí, mujeres entre sí, y de hombres y mujeres entre sí, tampoco escapan a esta regla natural que no impone ningún empleador ni gobierno, sino que viene dada por la naturaleza misma.

> "La desigualdad se acentúa aún más para mujeres con bajo nivel educativo. Por cada $100 pesos que ganó el hombre con hijos, la mujer ganó la mitad. Tasa de participación: 1 de cada 2 mujeres no participa en el mercado laboral luego de la llegada de los hijos Ingreso mensual"[82]

No debemos perder de vista que la desigualdad de rentas y de patrimonios es una consecuencia lógica y natural de la desigualdad que impera por doquier en la naturaleza. Nunca ha sido posible suprimir esta desigualdad, pese a que la historia del mundo podría sintetizarse en una lucha por hacerla desaparecer. Los intentos por eliminar la desigualdad en todos los tiempos han tenido siempre el mismo resultado: la han acrecentado. Lo que el capitalismo consigue es aumentar los ingresos de todos (hombres y mujeres) en función de sus respectivas capacidades y aptitudes personales para las tareas en las que se pretendan emplear.

> "Uno de los factores que afecta la igualdad de género es resultado de decisiones privadas ligadas a la llegada de los hijos y su crianza. La desproporción en la asignación de tareas domésticas incide en las posibilidades de dedicarse al trabajo remunerado. Es común que ante el desafío de la maternidad las mujeres se retiren del mercado laboral, reflejado en la caída de la tasa de actividad, o que trabajan elijan trabajos más flexibles

---

[82] IDESA, *Ibidem.*

y/ o que les impliquen menos horas, que se traduce en menores ingresos."[83]

Debemos aquí recordar nuevamente que todo trabajo es remunerado, incluido el doméstico. Y que la igualdad no es posible. Ni la de "género" ni la de nada. Por lo demás, quien resuelve en qué proporción se asignarán las tareas domésticas es una decisión privativa, personal y excluyente de la pareja, y de nadie más. ¿Qué propone el informe analizado? ¿Qué sea el gobierno el que tome las decisiones del caso? Eso estaría "apropiado" en un estado marxi-comunista-leninista, pero no en una sociedad civilizada. El trabajo no es un *fin* como sugiere el informe en estudio. Sino que es un *medio* para llegar a un fin. Una remuneración en *especie* no lo es menos que otra en moneda.

---

[83] IDESA, *Ibidem.*

Política, burocracia y economía

Capítulo 5 Derecho y pseudoderechos

El periodismo

Comencemos con la definición de nuestro tema:

"periodismo

De la raíz de periódico e -ismo.

1. m. Captación y tratamiento, escrito, oral, visual o gráfico, de la información en cualquiera de sus formas y variedades.

2. m. Estudios o carrera de periodista."[84]

Al contrario del uso amplio que se le suele dar vulgarmente a este término, el periodismo es un proceso de *captación* y *tratamiento* de la *información*. Dentro de tal información puede encontrarse la de diversos sucesos o -inclusive- la de la opinión pública misma.

Conforme al concepto dado, el periodista capta la información y la trata.

Cuando vamos a la definición de *tratamiento*, entre otras acepciones que no se aplican a nuestro tema, la cuarta del vocablo dice:

"4. m. Modo de trabajar ciertas materias para su transformación."[85]

Si relacionamos este significado al anterior deducimos que la actividad periodística consiste en captar y trabajar la información (materia o material) para su *trasformación*. Si vamos a la de *transformar,* el diccionario nos expresa:

"Tb. trasformar.

Del lat. transformāre.

1. tr. Hacer cambiar de forma a alguien o algo. U. t. c. prnl.

2. tr. Transmutar algo en otra cosa. U. t. c. prnl."[86]

El periodista, entonces, cambia la forma de la información captada, o puede transmutarla en otra cosa. Resumiendo: puede cambiar el formato de la información (la manera de presentar esa información) o su esencia (el modo en que ocurrieron los hechos, o los hechos mismos). En otros términos, puede alterar los hechos o desfigurarlos por completo. Incluso puede inventar o divulgar algún hecho que -en realidad- no ha acaecido nunca. En la jerga periodística se conoce esto como "fake news".

Dado que todos somos distintos (incluye, por supuesto, a periodistas también) la forma en que captamos e interpretamos los acontecimientos es diferente. Por ende, la manera en que damos a conocer esos hechos a otros asimismo lo será. Aun cuando el periodista procure transmitir la información recabada de manera "fiel" u "objetiva", lo que haga -en definitiva- estará condicionado por su propia subjetividad (de la que no puede escapar), la que opera siempre en todo momento y lugar, tanto en la fase de captación como de exegesis y, posteriormente, divulgación de lo informado.

---

[85] Real Academia Española © Todos los derechos reservados
[86] Real Academia Española. © Todos los derechos reservados

Cuando examinamos un dato (cualquiera que este sea) necesariamente (e inconscientemente) lo estamos *transformando* en otra cosa distinta a lo que otro puede elucidar sobre esa misma noticia. Esto no es -en sí mismo- ni "bueno" ni "malo"; es simplemente un hecho, derivado de la naturaleza desigual de las cosas y de las personas. Y los periodistas -como personas- están, obviamente, sujetos a este fenómeno.

Lo dicho no excluye la posibilidad -y muchas veces la realidad- de que el periodista deliberadamente desee (y lo haga) desfigurar la información recibida por el y dada a conocer, la tergiverse voluntariamente y -adrede- la falsifique. Lamentablemente, este caso es con demasía frecuente.

Pero, aunque sus propósitos no sean dañinos necesariamente y aun en casos de buena fe, lo que trasmitirá de lo captado será su propia percepción personal de los hechos y la de nadie más que el (o ellos).

El periodista capta y elabora una información que es -a su vez- re-informada por el mismo periodista. La información pasa por varios filtros de significación dados por desiguales personas (el informante y el informado).

El periodista cumple ambos roles: primero es informado de ciertas cosas (dichos, hechos, etc..) y -a su vez- los re-informa a terceros. En este desarrollo, lo que hace es recibir la conjetura del informante sobre el hecho o dicho "X". Acto seguido, el periodista lo informa a su audiencia, televidencia, lectores, etc. Es decir, da su propio análisis de la explicación del informante originario. Es en este paso donde se produce la *transformación* de lo informado originariamente.

El periodismo independiente

A veces se habla del periodismo "independiente". Pero este término aplicado al periodismo es muy ambiguo, cuando no directamente inapropiado.

Política, burocracia y economía

Si se asigna un sentido estrecho al vocablo "independiente" contraponiéndolo solamente a otro "oficial" podernos estar de acuerdo con la existencia de un pleonasmo. Pero si al término "independiente" le adjudicamos un significado lato llegaremos a la conclusión que el periodismo "independiente" no existe en ningún concepto, ni financiero ni en materia de contenidos. El periodista requiere de medios para ejercer su oficio o profesión, tal y como los necesita cualquier otro emprendedor o empresario del ramo que sea. Desde el punto de vista material dependerá de esos recursos económicos, de otro modo no podrá comenzar su tarea de informar. Normalmente, sus bases financieras o económicas le son provistas por sponsors o avisadores. Tenemos aquí un primer nivel de *dependencia* que lo condiciona.

Un segundo nivel está representado por los contenidos de su programa, edición o publicación periodística. Estos van a estar determinados por los intereses del público al que aspira a dirigir su material y el propio de sus auspiciantes.

Como todo negocio, cada periodista apunta a un mercado o target especifico (modas, política, deportes, economía, espectáculos, turismo, etc.) lo más probable es que sus sponsors y anunciantes provengan de esos determinados sectores, de lo contrario el emprendimiento no podría prosperar por falta de interés de las partes involucradas (periodistas, lectores, audiencia, etc.).

En tanto los fondos con que se pretendan financiar esta operación provengan de fuentes privadas, evidentemente no hay nada que cuestionar, como no lo hay en cualquier otra faena que se comience, ya sea de comestibles, muebles, rodados, vestido, inmuebles, etc.

El problema surge -a nuestro modo de ver- cuando se intentan utilizar caudales públicos (estatales en rigor) para financiar estos proyectos, situación que se da con harta frecuencia.

Aquí se desdibuja un tanto la critica a los medios oficialistas, porque hay que tener en cuenta que los partidos políticos reciben subvenciones del "estado", que alcanzan tanto al partido oficialista como a todos los de la denominada "oposición", con lo cual se diluye aún más la palabra "independiente" para designar a tales medios. Con estos dineros, los partidos oficialista y opositores crean órganos y "departamentos de prensa" que -en última instancia- son de pura propaganda de sus idearios, labores y planes. A su turno, estos capitales se restan a la profesión periodística verdaderamente privada, lo que, desde el punto de vista económico, reduce el periodismo "independiente" a su mínima expresión.

Los "derechos sociales"

Es frecuente que se diga que los derechos sociales han de prevalecer sobre los derechos individuales. De allí que resulte de vital importancia establecer -con la mayor claridad y precisión posible- qué es lo que se entiende por unos y otros "derechos" y – fundamentalmente- si existen en esencia "derechos" que pueden ser diferentes en el modo apuntado. Comencemos entonces desde una visión dada por el iusnaturalismo que resulta enriquecedora a este respecto:

> "Contemporáneamente también han distorsionado el significado del iusnaturalismo los patrocinadores de los llamados "derechos sociales", los cuales se traducen en seudoderechos. Esto último es así debido a que para otorgar a alguien los aludidos "derechos sociales", necesariamente, se lesiona el derecho de otra persona, lo cual vulnera, el aspecto medular del iusnaturalismo, cual es el reconocimiento de derechos a todas las personas. A todo derecho corresponde una obligación; la propiedad de alguien implica la obligación universal de respetársela; en cambio sí, por ejemplo, se pretendiera otorgar a alguien el "derecho a la vivienda" esto implicaría que un tercero tendría la obligación de proporcionársela sin que éste haya contraído deuda con el supuesto "sujeto de derecho".[87]

Bajo este concepto se advierte claramente que los denominados "derechos sociales" implican, en realidad, un despojo o la pretensión de tal, habida cuenta que imponen una carga a uno o más sujetos en favor de otro o más sujetos, sin que ninguno de los implicados hubiera entablado relaciones contractuales entre sí como para establecer vínculos de débito o crédito entre las partes. Se nos dice aquí que el iusnaturalismo importa "el reconocimiento de derechos a todas las personas", por lo que debemos entender que lo hace en la medida que acepta en cada persona un especifico individuo, lo que -en suma- equivale a decir que desde la óptica iusnaturalista lo que se impone es la afirmación de los derechos individuales, esto es, el de cada persona en particular, que en conjunto configura ese aludido "reconocimiento de derechos a todas las personas". Veamos a continuación otra forma o manera de enfocar el tema:

> "Tan importantes son los derechos individuales que merecen una fundación filosófica sólida. Si un liberal clásico mantiene que la libertad o los derechos individuales son valores últimos, un colectivista puede siempre parlotear que las libertades o derechos sociales son más nobles que aquellos sólo egoístas de los individuos. Pero no hay felicidad social distinta de la felicidad de los individuos. Es más sólido relacionar las libertades y derechos al criterio de felicidad que intuirlos directamente."[88]

Evidentemente, se hace hincapié sobre la falacia tan difundida por el pensamiento colectivista por el cual "lo social" vendría a ser algo por completo diferente a "lo individual", como si se trataran de entidades distintas y separadas, y no sólo eso, sino que sabemos que la pretensión colectivista es que tal etérea entidad denominada

---

[87] Alberto Benegas Lynch (h) "NUEVO EXAMEN DEL IUSNATURALISMO". Revista Libertas IV: 7 (Octubre 1987) Instituto Universitario ESEADE. Pág. 10

[88] Leland Yeager. "BASES RIVALES DEL LIBERALISMO CLÁSICO". Revista Libertas XIII: 44 (Mayo 2006) Instituto Universitario ESEADE. Pág. 475.

"social" tendría "existencia propia", con independencia y por encima de la realidad "individual". En verdad, la falsedad se devela con mucha facilidad: "lo social" no es otra forma más que de simplificar lo que representan las acciones, intereses o pensamientos de un número de individuos, cantidad que puede ser más grande o más pequeña, pero cuyo tamaño no importa ningún cambio de naturaleza, ni de sustancia que permita inferir ni concluir que habría independencia y, menos aún, supremacía entre lo social y lo individual.

La cuestión se agrava cuando esta categoría -inexistente en la realidad- denominada "derechos sociales" pretendió -y finalmente obtuvo- rango constitucional:

"En el Perú y América latina, liberales fueron las Constituciones del siglo XIX. Tenían dos partes: La primera y más importante declaraba los derechos de las personas a la vida, propiedad y libertad. Incluían las garantías de la ley previa al delito y el debido proceso, el no impuesto sin representación, y los derechos de expresión, y libertades de culto, imprenta, etc. Prohibían a los Gobiernos recortar o reglamentar estos derechos humanos individuales, considerados básicos y naturales, propios y consustanciales de todos los individuos libres. La siguiente declaraba las potestades de los órganos de Gobierno. Establecía la forma como eran elegidos y constituidos, sus poderes y atribuciones. Y sus límites. Después de varias décadas aparecieron los "derechos sociales", muchos de ellos contrarios a los individuales, al igual que los presentes supuestos derechos humanos llamados de "tercera y cuarta generación". Se inscribieron "derechos" a la educación, vivienda, salud, etc., confundiendo derechos con aspiraciones. Y se aumentaron los poderes y atribuciones de los Gobiernos y sus órganos, pensando que de este modo ellos lograrían cumplir estas aspiraciones."[89]

---

[89] Alberto Mansueti - José Luis Tapia Rocha. *LA SALIDA. o la solución a los*

Política, burocracia y economía

Esto sucede precisamente cuando –como señalábamos- se pretende superponer los "derechos sociales" a los individuales alegando que se tratan de dos tipos de "derechos diferentes" y que unos (los "sociales") deben prevalecer sobre los individuales. Es decir, cuando se parte de la existencia de un "conflicto" (en rigor inexistente) entre dos clases de "derechos". Algo similar sucede con el pleonasmo "derechos humanos" redundancia que denota la contradicción de suponer derechos "no humanos", como podrían ser un "derecho mineral, vegetal o animal", cuando el derecho solo adquiere sentido como creación exclusiva y excluyentemente humana.

Como decíamos, en los hechos la falsa categoría "derechos sociales" ha servido y sigue sirviendo para desplazar y desconocer derechos intrínsecos y propios de las personas y como instrumento que utilizan los gobiernos y sus amigos entre los que se cuentan grupos beneficiados por sus políticas, para acrecentar su dominio sobre otros grupos y otras personas disidentes. Los "derechos sociales" son una expresión que en definitiva enumera una lista de deseaos de algunas personas (o de muchas) que para su concreción necesita del sacrificio de otras personas, con lo cual en realidad los "derechos sociales" se revelan como derechos grupales o sectorial, lo que da cuenta de su verdadera naturaleza y finalidad. Los mecanismos para materializar tales "derechos sociales" son múltiples pero el denominador común de todos ellos siempre es el mismo: la expoliación de unos en su perjuicio para lograr la satisfacción de otros en su beneficio, lo que resulta en lo que se ha dado en llamar un juego de suma cero, en que lo que ganan unos los es irremediablemente porque otros lo han perdido. Esto es lo más contrario a la noción misma de derecho.

problemas económicos y políticos del Perú, Venezuela y América Latina- Edición ILE. Perú. Pág. 157

Naturaleza de la represión

El diccionario de ciencias políticas y jurídicas[90] define el término de la siguiente manera:

> *Represión*
>
> *Acción y efecto de reprimir (v.) o reprimirse, de contener o dominar, de sujetarse. | Acción y método de oponerse la fuerza pública a las alteraciones del orden general. | Aplicación de penas y correctivos por delitos y faltas.*

> *Reprimir*
>
> *Contener o refrenara otros. | Sujetar impulsos o pasiones. | Dominar los desórdenes públicos o cualquier otra transgresión de la paz social. |Imponer las sanciones pertinentes por una infracción.*

Como se ve, el vocablo en sí mismo no posee las connotaciones negativas que habitualmente se le dan en la Argentina, y no tiene ninguna vinculación con los actos llevados a cabo por gobiernos autocráticos, ni con dictaduras o tiranías. Por cuanto **la represión siempre es un acto legal, y los hechos perpetrados por gobiernos tiránicos nunca lo son.**

Se trata de un acto normal, justificado y jurídico, destinado a reordenar y reestablecer la paz social. Por lo tanto, el uso bastardeado que le dan de continuo, periodistas de bajo nivel que se hacen pasar por "analistas políticos" o estos últimos cuyos conocimientos legales y políticos dejan bastante que desear, es del todo contrario al verdadero significado de los vocablos reprimir y represión que carecen de los alcances que habitualmente se le atribuyen.

El acto de reprimir supone una previa alteración de ese orden y de esa paz social. Si no la hay, no hay represión. Se reprime a quien

---

[90] Ossorio Manuel. *Diccionario de Ciencias Jurídicas Políticas y Sociales.* - Editorial Heliasta-1008 páginas-Edición Número 30-ISBN 9789508850553 pág. 842.

inicia el uso de la fuerza, y no quien se defiende de ella. En este sentido, la represión es del todo necesaria cuando se viola el orden legal o -sin llegar a esto- se promueven desórdenes públicos, o se trasgrede la paz social como bien define el diccionario de locuciones políticas y jurídicas. Precisamente, la función de la ley es reprimir las infracciones contra ella.

Represión y violación al orden legal son expresiones que se oponen y se excluyen mutuamente. Uno es antónimo del otro.

Estas reflexiones vienen a cuento de los últimos y lamentables hechos acaecidos en la Argentina donde grupos de sediciosos alentados por legisladores de la oposición intentaron consumar un golpe de estado contra el gobierno legitima y democráticamente elegido por los argentinos.

Al respecto, el Código Penal Argentino establece:

ARTICULO 194.- El que, sin crear una situación de peligro común, impidiere, estorbare o entorpeciere el normal funcionamiento de los transportes por tierra, agua o aire o los servicios públicos de comunicaciones, de provisión de agua, de electricidad o de sustancias energéticas, será reprimido con prisión de tres meses a dos años.

Nota: texto conforme a la ley 17567, ratificado por la ley 20509, que recuperó su vigencia según la ley 23077.

Cap. III - Intimidación pública
ARTICULO 211.- Será reprimido con prisión de dos a seis años, el que, para infundir un temor público o suscitar tumultos o desórdenes, hiciere señales, diere voces de alarma, amenazare con la comisión de un delito de peligro común, o empleare otros medios materiales normalmente idóneos para producir tales efectos. Cuando para ello se empleare explosivos, agresivos químicos o materiales afines, siempre que el hecho no

constituya delito contra la seguridad pública, la pena será de prisión de tres a diez años.

Nota: texto conforme a las leyes 15276 y 20509 con la modificación dispuesta por la ley 20642, que recuperó su vigencia según la ley 23077.

ARTICULO 212.- Será reprimido con prisión de tres a seis años el que públicamente incitare a la violencia colectiva contra grupos de personas o instituciones, por la sola incitación.

Nota: texto según la ley 20642, conforme a la ley 23077.

Todas estas normas y otras tantas que no enumeraré para no hacer demasiado extensa esta exposición, fueron quebrantadas sistemáticamente en los últimos días, tanto por quienes materializaron los hechos subversivos ocurridos como por el grupo de legisladores de la oposición que alentaron los actos de vandalismo y de violencia por parte de las hordas salvajes que pretendieron cometer el golpe tendiente a derrocar el gobierno.

Frente a ello, la represión es la única y adecuada respuesta que da la ley contra los delitos, y el merecido castigo que le impone a los delincuentes que los cometen o tratan de hacerlo. Reprimir es legal siempre. Represión y delito son antónimos, no sinónimos.

Evidentemente, ideólogos de un pasado que la Argentina trata arduamente de superar no se resignan -desde el peronismo y las demás fuerzas de izquierda que le son afines- a permanecer lejos del poder, al que procuran recuperar con el único objetivo de lucrar de sus arcas, es decir, vivir del fruto del trabajo de todos los argentinos de bien, que trabajan, cumplen con sus jornadas laborales, producen, y desean vivir tranquilamente en paz y armonía con los suyos.

Por eso, es hora de recobrar el significado correcto e impecable del vocablo **reprimir,** que alude a un acto que siempre es lícito, y que apunta a reestablecer el orden legal y el respeto a las instituciones, respeto que todo aspirante a tirano -como lo son el peronismo y la izquierda socialista ("dura" o "blanda", lo mismo da)- permanentemente trata de vulnerar para hacer prevalecer su vocación despótica, tal como ha sido demostrado en los últimos acontecimientos que tuvieron por objeto el derrocamiento del legitimo gobierno de "Cambiemos", quien -hace apenas menos de dos meses- obtuvo un amplio triunfo y respaldo electoral en las elecciones que hubieron lugar.

En tanto esas tentativas de transgredir el orden constitucional por parte del peronismo (K o no K), los ideólogos de la izquierda socialista en cualquiera de sus variantes, vertientes o denominaciones, y todo aquel que, diciendo "no adherir" a ninguno de ellos (como el peronismo encubierto que encabeza Sergio Massa) quiera subvertir el orden constitucional como se deseó en esos días, no cabe ninguna duda que la única respuesta que debe dar la República es aplicarles todo el peso de la ley, lo que significa -en letras claras sencillas y conforme a derecho-: reprimirlos.

¿Personas o instituciones?

Este es el gran debate de vital actualidad desde siempre, sobre todo en Latinoamérica, marcada a fuego con el personalismo político desde sus albores coloniales. Legatarios de las monarquías absolutas europeas -pese a los intentos de importar sistemas no-personalistas, como el anglosajón (en rigor, el único en su especie)- los países hispanoparlantes nunca dejaron de ser monarquistas, no tanto por convencimiento o decisiones deliberadas, sino más que nada por costumbre o tradición hasta nuestros días. Y han querido adaptar sus peculiares "democracias" a ese espíritu monárquico del cual pocos tienen conciencia de poseer. Es así que, en Latinoamérica, no importa tanto cómo se gobierna sino quién gobierna. El "cómo" pasa a ser algo secundario, y el "quien" lo fundamental. Es por eso que, la historia política de Latinoamérica es la historia de un continente donde han sabido convivir dictaduras -al mejor estilo fascista- con esa democracia criolla que tan poco tiene de tal. Y sigue siendo de este modo.

Pero volviendo al intríngulis del título, habrá que decir que el dilema es meramente aparente. No son pocos los que dividen las aguas como si *personas* e *instituciones* fueran cosas diferentes y separables y, en tanto algunos opinan que son los hombres los que deben gobernar, otros se pronuncian en contra y afirman que las instituciones deben hacerlo.

Pero ¿qué son -en definitiva- las instituciones? Las instituciones (más allá de toda definición técnico - jurídica -política) en el fondo, no son más que ideas de amplio consenso de cómo deben organizarse las cosas y como estas deberían funcionar. Y las ideas son productos humanos, lo que de más está decir. Pero, esto no equivale a afirmar, sin más, que -en definitiva- serán los hombres los que gobiernen, porque, en realidad, esos hombres son a su vez gobernados, no tanto por sus ideas propias, sino más bien por las ideas de otros que tuvieron en el pasado o en el presente y que dieron lo que se llama el *diseño institucional* actual de un país. Ahora bien, tengamos en cuenta que todas esas ideas son de muy diversa variedad y -en muchos casos- completamente opuestas entre sí. El marxismo y el liberalismo, por citar solo dos de ellas muy debatidas (más conocida la primera que la segunda) suponen -en su plasmación práctica- instituciones de índole muy diferente entre ellas, tanto, que se enfrentan en forma diametral.

Así se habla de instituciones políticas, económicas, jurídicas, sociales, religiosas, etc. significando las ideas de cómo debe organizarse y regirse la vida humana desde esos diferentes campos.

Las instituciones son un producto socialmente evolutivo. No nacen espontáneamente, sino que son fruto de una larga maduración. Algunas fueron breves y desaparecieron pronto. Otras, por el contrario, perviven desde hace siglos. Pero, si nos adentramos en su análisis, descubriremos que detrás de cada institución hay una teoría que la sustenta y en la medida que se convierte en dominante por la aceptación creciente de una gran mayoría, se asienta en el tiempo y se torna en perdurable, hasta que otras teorías (mediante el mismo proceso) desplazan a las primeras y toman su lugar, en cuyo caso las instituciones cambian o se transforman.

En este tránsito progresivo las instituciones se van abriendo camino primero mediante los usos y costumbres, y a medida que estos se extienden suelen encontrar plasmación legal.

Esto sucede en todos los ámbitos humanos, así en la política -por ejemplo- la institución de la monarquía dio paso -a través del proceso descripto- a la institución de la democracia, e incluso, como en los modernos países europeos, se han fusionado y conviven (España, Gran Bretaña y Holanda pueden citarse como los ejemplos más conocidos entre los estados más grandes).

No todas las instituciones (no digo *humanas* porque es una burda redundancia, ya que las instituciones no pueden ser no humanas) son buenas, ni provechosas para el hombre, baste como ejemplo mencionar la institución de la esclavitud, cuya legalidad y aprobación generalizada como algo natural se prolongó durante siglos hasta bien entrado el siglo XX según los países que se consideren.

La institución es la teoría llevada a la práctica en un determinado campo del quehacer humano. Por eso carece de sentido el prolongado debate sobre la falsa disyuntiva *hombres vs Instituciones* y viceversa, porque -en rigor- no existe tal distinción, excepto la del hombre con su creación intelectual. En el fondo, el debate sigue siendo entre teorías buenas o malas, útiles o inútiles, de acuerdo a las instituciones que fueron su resultado.

Esto aplica a la llamada "calidad institucional", fórmula que -en si misma- nos dice muy poco si prescindimos de lo explicado arriba. Si admitimos que el diseño institucional de un país o de una sociedad determinada es un proceso evolutivo, deberemos llegar a la necesaria conclusión que las instituciones adoptadas en el transcurso de la historia -como fruto de ese proceso escalonado- lo fueron porque en dichas sociedades se las pensó en su época y en cada momento a todas ellas *de calidad.* Volviendo al ejemplo de la esclavitud, por espacio de más de 18 siglos s (si sólo contamos la era cristiana) se la entendió mayoritariamente como una institución útil y necesaria para el desarrollo de los pueblos. Y aunque no faltaron en todas las épocas voces que la cuestionaron con firmeza, el consenso ampliamente general logró imponerse y acallarlas, hasta que se produjo el recambio cultural que adoptó la postura inversa y tuvo a dicha institución como algo aberrante y enfrentado a la naturaleza misma.

Por eso, la pretensión de -por medio de la fuerza- implantar instituciones reconocidas evolutivamente en cierta región o país en otro donde el estado de desarrollo social no ha llegado a esas instancias, o bien ha tomado un derrotero diferente, está condenada al fracaso, porque es como pretender cambiar el estado de naturaleza de las cosas, convertir *lo que es en lo que no es.*

Entonces el debate sobre si son las *personas* o las *instituciones* las que "deben" dirigir los destinos de la sociedad es, en el fondo, estéril. Porque las personas son instrumentos de sus ideas y las instituciones son el resultado de esas mismas ideas acumuladas.

Políticas y "derechos sociales"

A veces se denomina "el estado social" a aquel estado-nación donde su política legislativa se orienta al establecimiento y jerarquización de los llamados "derechos sociales" instituyendo esta categoría como de rango superior a la de los clásicos *derechos individuales.* En alguna época ya pasada, aproximadamente entre los siglos XVIII y comienzos del XX, la noción de *derecho* se identificaba casi plenamente con la de los derechos individuales. No se concebía que la palabra "derecho" se refiriera a otra cosa. Fue cuando surgió la de los "derechos sociales" -que buscaban distinguirse de los *individuales*- cuando se hizo necesario aclarar, a todo instante, de qué clase de derechos se estaba hablando.

La expresión "derechos sociales" se impuso como una categoría que, no sólo pretendía separarse de la de los análogos *individuales*, sino que procuraba -por sobre todas las cosas- mostrarse como una "etapa evolutiva" desde estos hacia aquellos y –al mismo tempo- subordinar (y con el tiempo eliminar o suprimir) tales derechos individuales en pos de los "sociales" para siempre. Esta y no otra fue la pretensión del socialismo desde su aparición con los utópicos -como K. Marx los tildó- pasando por los socialistas "científicos" de este, hasta los actuales "socialistas del siglo XXI".

Es por esta misma razón que, los países donde se ensaya el sistema comunista se declaran los "campeones" de los "derechos sociales". Un buen ejemplo es el de Cuba, de la que se nos dice:

"Los mal llamados derechos sociales, se vinculan con la satisfacción de ciertos requerimientos propios de la vida humana, tales como salud, vivienda, educación, etc.…Quizás los dos ámbitos donde resulte más claro sean el educativo y el laboral. En el primer caso, el castrismo se jacta de un alto porcentaje de niños en las escuelas. Pero la realidad es que dichos establecimientos escolares son en primer lugar, instrumentos para controlar las ideas que estarán al alcance de los ciudadanos, e impedir que tengan acceso a otras, consideradas peligrosas. En el segundo caso, la estatización de la propiedad y el monopolio de la actividad económica, convierten al régimen en el único empleador, permitiéndole invocar el "pleno empleo" como una conquista social. Sin embargo, la dependencia de todos los ciudadanos de un único empleador y la consideración del desempleo o vagancia como manifestaciones de un estado de peligrosidad que se castiga con la prisión, buscan colocar a los ciudadanos bajo la dependencia económica absoluta del Estado."[91]

Pero no ha de creerse que el concepto de "derechos sociales" exclusivamente triunfa en países de claro signo comunista. También

---

[91] Eneas Andrés Biglione "El embargo norteamericano al régimen castrista: Una perspectiva de Law & Economics". Corporate Training. George Mason University. Diciembre 2009. Pág. 15-16

lo hace más solapadamente, aunque en proporciones menores en otros lugares que se jactan orgullosamente de ser naciones "libres". Algunos autores hacen una distinción importante entre las llamadas "políticas sociales" y los "derechos sociales". El criterio de demarcación consiste en que una "política social" es una cuestión -en el fondo- meramente coyuntural. Confluye finalmente en una ayuda a personas o grupos que se catalogan como "necesitados" por parte de una autoridad. Pero este socorro es limitado, tanto en el tiempo, en el espacio, como en la cuantía de los recursos que se le otorgan a quienes se encuentran nominados para recibirlo.

La significación de "derechos sociales", en cambio, tiene la misma base o motivación que las "políticas sociales", pero con la muy importante diferencia que ya no se trata de una medida coyuntural limitada en el tiempo, en el espacio y en la cuantía de la ayuda a brindar. Sino que se plasma en una legislación que -por sus propias características- se halla destinada a pervivir en el tiempo y en el espacio, ofreciendo diversos tipos de ayudas -monetarias y en especie- a aquellos quienes, según la misma legislación tipifique, se encontraren cualificados para hacerse acreedores de los regímenes asistenciales que esas mismas leyes fundan:

> "A comienzos del siglo XXI, en especial en el último gobierno de esta coalición, las políticas sociales tuvieron un matiz distinto teniendo un foco en la protección social. Con ello, varios subsidios y programas tendieron a entenderse como derechos sociales, incrementándose no sólo el nivel de asistencialismo sino también la cobertura de los programas y los montos de los subsidios, explicado principalmente por la reforma de pensiones. Las transferencias monetarias promedio por hogar para el primer decil entre el 2006 y 2009 pasaron de aproximadamente \$55 a \$105 dólares en el año 2011 (Henoch, Troncoso y Valdivieso, 2010)."[92]

---

[92] Paulina Henoch I. y Rodrigo Troncoso O. "Transferencias Condicionadas en Chile: Una Positiva Evaluación al Programa Ingreso Ético Familiar" en *Desarrollo económico y pobreza en América Latina. El rol de los Planes Sociales*. Pág. 167-168

Política, burocracia y economía

A diferencia de las "políticas sociales", los "derechos sociales" dan precisamente un "derecho" al reclamo por parte de aquellos que, no sólo se consideran sus beneficiarios, sino que exigen que se los incluya en las nóminas de calificados para recibir los recursos del estado. Hay, pues, un giro cultural que hizo y hace que lo que anteriormente se tuviera como algo excepcional, limitado en tiempo, espacio y cuantía respecto de personas puntuales, se convirtiera y ampliara bajo el paraguas del rótulo "derechos sociales" en "otra cosa", con el mismo fin, pero apuntando ya a un destinatario que aparece universalizado. Este nuevo enfoque cultural, que se ha apoderado de la mayoría de los países del mundo, hace que sean cada vez más las personas y los grupos sociales que se auto atribuyan la potestad de demandar su inserción dentro del amplio abanico de prestaciones asistenciales que -cada día más- ofrecen los gobiernos del mal llamado "mundo libre". Como bien ha asentado de diversas ocasiones el profesor Alberto Benegas Lynch (h), los mal llamados "derechos sociales" o, como también se los designa a menudo, "conquistas sociales", no son otra cosa, en realidad, más que *pseudoderechos*, que confunden (de manera deliberada o no) las que son simples *necesidades* con los verdaderos **derechos**. Es hora de poner las cosas en claro de una vez y para siempre.

Privacidad e intimidad

"Seguramente el tema central del siglo XXI será el derecho a la intimidad. Es de trascendental importancia definir y redefinir derechos de propiedad para proteger la privacidad en vista de la alta tecnología que, entre otras cosas, permite vulnerarla. Pero nuevamente "no es culpa" de la tecnología sino de la forma en que se la emplee. La alta tecnología igual que el martillo y el mercado puede emplearse para fines morales o inmorales. Nos brindan extraordinarias posibilidades pero de nosotros depende su buen uso."[93]

La alta tecnología es particularmente peligrosa en manos de los gobiernos. Esto, se puede decir, es una constante y puede sentarse como una regla general. El gobierno es el mecanismo de compulsión y coerción por excelencia, y sus fines se concentran fundamentalmente en dichas tareas, por ello que los gobiernos dispongan de medios tecnológicos refinados confiere un serio riesgo al resto de la sociedad civil. Pero, como bien dice el autor citado, no solamente el gobierno se torna amenazante mediante el empleo de tecnología sofisticada, sino que en numerosísimos casos, son los mismos particulares quienes se ponen en riesgo mediante el uso que ellos mismos dan a ciertas herramientas tecnológicas, sobre todo en materia informática, exhibiéndose de manera imprudente en sitios tales como las redes sociales que, con su auge, han puesto en evidencia asimismo la necesidad compulsiva de mucha gente a desnudar literalmente toda su privacidad e intimidad. Por supuesto, el uso que se le da a la tecnología tiene un soporte de corte teórico tras de sí:

> "Hoy día observamos tres corrientes de pensamiento que aparecen en escena con alguna contundencia: el socialismo aplicado al medio ambiente que abarca hasta los más mínimos resquicios de la intimidad, el "political correctness" que proclama el relativismo cultural y el llamado socialismo de mercado que pretende simultáneamente tener la torta y comerla. Este trípode resulta sumamente prolífico y cala cada vez más hondo en el espíritu de numerosas personas."[94]

El socialismo medioambiental -como podría perfectamente denominársele-, pretende, como bien se apunta en la cita, a interferir en la vida privada de las personas de muchísimas maneras diferentes, pero –fundamentalmente- tratando de dictar y de regular "qué es" lo que las personas "deben" consumir o no, o de qué modo emplear sus respectivas propiedades, al punto de disminuir precisamente sus

---

[93] Alberto Benegas Lynch (h). *El juicio crítico como progreso*. Editorial Sudamericana. Pág. 109

[94] A. Benegas Lynch (h) *El juicio...*ob. cit. pág. 177

derechos de propiedad al regular su uso, con pretexto de los efectos "potenciales" o "efectivamente contaminantes" que el uso de la propiedad privada "podría" causar en el entorno ambiental. La gran mayoría de los "argumentos" del socialismo ambiental no son más que meras excusas, para lograr el objetivo de siempre del socialismo en su más pura expresión: el control y final supresión de la propiedad privada. Pero también el tema tiene otras aristas a explorar:

> "Estamos tan acostumbrados a que los gobiernos se infiltren en la intimidad de las personas que tiende a rechazarse la propuesta de abrogar el matrimonio civil. En verdad, constituye un atropello que el gobierno case o "descase". Este campo debería librarse a las partes. Arreglos contractuales libres y voluntarios deberían acordar temas patrimoniales, uso de apellidos, custodia de los hijos, eventuales condiciones de separación, etc. El debate divorcio-antidivorcio es estéril y surge como consecuencia de la intervención estatal."[95]

El matrimonio -como la mayoría de los temas que involucran a la familia- resulta claro para nosotros que se trata de una cuestión estrictamente privada y dentro de la órbita total de la intimidad de las personas. Los estados no tienen (no deberían tener en rigor) ningún rol a cumplir en estos asuntos. Sin embargo, es una de las zonas donde el intervencionismo estatal es más aceptado que en ninguna otra, lo cual da cuenta de hasta qué punto nuestras sociedades llevan implícitas en su pensamiento y han incorporado en todos sus aspectos el más amplio intervencionismo estatal, incluso en esferas que son de índole privativa familiar como el matrimonio, y demás aspectos que bien se mencionan en la cita precedente.

> "Claro que usar y disponer de lo propio no significa que se puedan violentar iguales derechos de terceros. De ahí es que debe resguardarse la intimidad de cada uno. Los actos privados que se hacen de modo tal que pretenden sustraerse del dominio público deben ser respetados. De lo contrario, la

---

[95] A. Benegas Lynch (h) *El Juicio...*ob. cit. pág. 126/127

consideración a los distintos proyectos de vida se convertiría en pura declamación."[96]

Es que *lo propio* involucra, con total claridad, también a lo *íntimo* y a lo *privado*, por eso el derecho de propiedad privada se extiende y comprende naturalmente lo *íntimo* y *privado,* en una palabra, *intimidad* y *privacidad* son campos a los que pertenece la propiedad privada de cada persona. Estas zonas de privacidad no deben ser vulneradas por ninguna persona, ni "en nombre" de los estados, ni en nombre propio, caso contrario, no podría hablarse de un efectivo *derecho de propiedad,* sino de todo lo contrario a ello.

"Claro que si la gente anda desnuda por las playas y conversa en voz alta delante de los demás sobre sus intimidades, resulta claro que la intención no es resguardar nada sino más bien ventilarlo todo. De lo que se trata es de preservar la intimidad de quienes desean mantener su vida privada fuera de los alcances de los demás. Este derecho se desprende del derecho de propiedad sin interferencia de extraños. Esta es la razón por la que una Constitución que se precie de tal incluye la prohibición de entrometerse en los papeles, las conversaciones y los lugares privados, a menos de que se trate de un delincuente en cuyo caso se requiere de una orden judicial debidamente justificada. La preservación de la intimidad resulta indispensable además para la creatividad: Goethe subrayaba que "El talento germina en la intimidad""[97]

En un régimen liberal, entonces, el respeto a la intimidad y privacidad del vecino es un derecho fundamental que debe cumplirse y hacerse cumplir por todos y cada uno. Y, por supuesto, el gobierno ha de ser el primero en cumplirlo, ya que normalmente es el primero en violarlo, cosa que hace con frecuencia y con gusto.

---

[96] A. Benegas Lynch (h) *El juicio...*ob. cit. pág. 126/127
[97] A. Benegas Lynch (h) *El juicio...*ob. cit. pág. 126/127

Renuncia vs. "golpe"

La renuncia de un presidente (como la de cualquier otro funcionario) no representa un quiebre o una ruptura del orden institucional, sino que forma parte de un mecanismo democrático, ya que ningún funcionario puede ser obligado a permanecer en un cargo por un determinado periodo.

Vale la pena recordar la definición jurídica de *renuncia*:

"Renuncia: Dimisión o dejación voluntaria de una cosa que se posee o de un derecho que se tiene. La *renuncia* puede también ofrecer un sentido negativo, que se manifiesta rechazando o no admitiendo una cosa o un derecho que son ofrecidos. Basta esta definición para advertir la amplísima aplicación que la *renuncia* presenta en el campo del Derecho, porque puede estar referida a toda clase de bienes, de derechos públicos o privados (salvo los que la ley declara irrenunciables) o de acciones procesales. | Caso frecuente *de renuncia* es la que se hace de los cargos públicos o de los empleos públicos o privados, y en ese sentido equivale a *dimisión.* En el Derecho Civil, las manifestaciones tal vez más características son las que se vinculan con el repudio de la herencia o de las donaciones. (V. **REPUDIACIÓN.)** *Renuncia se* llama también el documento en que consta esa actitud. | Desistimiento de un propósito.".[98]

La renuncia nunca obedece a una imposición externa, sino que se ejerce siempre de manera voluntaria y se presenta no solamente dentro de un régimen democrático, ya que un dictador, un autócrata, un tirano, un rey, también pueden renunciar a sus puestos, aunque sea poco frecuente, pero han existido muchos ejemplos en la historia de tales tipos de dimisiones.

---

[98] Ossorio Manuel. *Diccionario de Ciencias Jurídicas Políticas y Sociales.* - Editorial Heliasta-1008 páginas-Edición Número 30-ISBN 9789508850553 pág. 837

Claro que, siempre que alguien decide renunciar a algo hay una razón o una suerte de obligación *interna* que lo hace renunciar, pero ha de quedar en claro que dicha exigencia siempre es *interna* en tanto y en cuanto nace del propio individuo renunciante, es decir, es una decisión que le pertenece enteramente sin que nadie más que el mismo le constriña a tomar.

En Derecho Político, a la *renuncia* se le opone el *derrocamiento*, cuya definición jurídicamente transcribimos a continuación:

> **"Derrocar:** Despeñar o lanzar desde una roca, antiguamente practicado **como pena** o **para** eliminación de defectuosos. | Destronar a un rey. Derribar a un gobierno. Substituir a un régimen por la fuerza, por una revolución o golpe de Estado. (L. Alcalá-Zamora)."[99]

La renuncia siempre es un acto voluntario, nunca forzado. La "renuncia forzada" es un contrasentido. El desplazamiento impuesto del poder no es una "renuncia" del desalojado, es simple y llano derrocamiento, el cual implica un cierto grado de resistencia del derrocado (total o parcial) a ser eliminado del poder.

Las diferencias entre uno y otro son múltiples, ya que la renuncia se puede retractar por parte del renunciante, en cambio que el derrocamiento no depende de la voluntad del derrocado por lo que -obviamente- no puede desistirse por parte de este, ya que es un acto ajeno a su decisión.

Si -por caso- como se escucha a veces, un jefe de estado declara "renuncio al cargo para evitar un baño de sangre" es una declaración implícita de que está reconociendo que ha perdido el apoyo del pueblo, al menos en grado suficiente como para no asegurarse que las fuerzas "rebeldes" puedan ser vencidas por un pueblo que ya no lo sostiene. Digamos que estas son las razones para su renuncia, que no deja de ser tal porque podría adoptar la actitud contraria si sospechara que aún conserva sustento mayoritario que le

---

[99] Ossorio, M. *Ibidem*, p. 314

permita persistir en la función. De no ser así, no hay ni "golpe de estado", ni "revolución", ni -por lo tanto- derrocamiento alguno.

La "renuncia bajo amenaza" sigue siendo -no obstante- un acto voluntario (no compelido) porque el *ultimátum* puede ser infundado, falso o de cumplimiento imposible. Y, nuevamente, si el amenazado se considera suficientemente fuerte y respaldado por sus partidarios haría caso omiso a la renuncia, se limitaría a ignorarla y continuaría ejerciendo su investidura confiado en el sostén de que sus fuerzas le serán leales.

Para este análisis debemos tener presente que, estamos convencidos que, tanto las fuerzas de seguridad como las fuerzas armadas forman parte del pueblo y no son cuerpos extraños al mismo como habitualmente se cree tanto en la prensa como a nivel popular. No existió absolutamente ningún "golpe de estado" que fuera perpetrado exclusivamente por un sector del pueblo sin soporte del resto, ya que sin este amparo mayoritario ningún gobierno -por muy *de facto* que sea- podría haberse mantenido en el poder durante mucho tiempo. La mayoría gobierna siempre, sea por *acción* o por *omisión*. Aunque suene paradójico, cuando "gobierna" por *omisión* implica tanto el permitir que cierta minoría la gobierne, de la misma manera que un esclavo (o conjunto de ellos) pudiendo rebelarse, por poseer mayor fuerza que su amo, prefiere obedecerle. Porque piensan que así les será más conveniente y más llevadera su actual o futura existencia.

De momento que, producido un *golpe de estado* una mayoría de la población continua pasivamente en el lugar donde se llevó a cabo, acatando a los golpistas, y no se rebela o huye en masa de allí, tal actitud inactiva implica una especie de "convalidación" de la situación ocurrida. Los padecimientos que sufra serán en una buena medida merecidos. Apresurémonos a aclarar que tal clase de *confirmación* no es sinónimo de total beneplácito con el dictador que surgiera del hipotético "golpe".

Como ya expusimos muchas veces, solo hay tres medios por los cuales las dictaduras pueden mantenerse en el poder. Y esas vías son del control exclusivo del pueblo. Repasémoslos:

1.   Por aprobación.

2.   Por temor.

3.   Por resignación.

Estos tres pueden combinarse entre sí o darse por separado. El orden de los factores no altera el producto. Cuando cualquiera de estos tres elementos desaparece cualquier dictadura cae de forma inmediata, o más tarde o más temprano.

El poder siempre reside en el pueblo, como también la decisión de hacer uso o no de dicho poder.

También, desde luego, estos tres componentes son los que en una sociedad democrática determinan el voto del elector en un sentido o en su contrario. En última instancia -y, dicho de otra forma- tanto en las dictaduras como en las democracias el pueblo (al final del recorrido) siempre es soberano, por acción o por omisión.

Política, burocracia y economía

Capítulo 6 Argentina

Como dijimos en nuestro prefacio, este capítulo reúne una serie de artículos escritos y publicados en distintos medios durante el gobierno del presidente Mauricio Macri, y algunos otros sobre el retorno del peronismo al poder después de su gobierno. Mas allá de los hechos puntuales que trata cada uno en la mayoría de ellos hay referencias a conceptos y principios de derecho político y constitucional, es decir, se tratan de relacionar los hechos políticos puntuales con los conceptos jurídicos y constitucionales como normalmente se dictan en las facultades de Derecho, conservando siempre la particular óptica del autor.

También se reflexiona sobre la peculiar idiosincrasia del pueblo argentino en materia política, tanto durante el periodo analizado como en general y en perspectiva hacia el futuro.

Para el lector no argentino algunas de las cuestiones que siguen pueden resultar curiosas, extrañas o directamente incomprensibles, dado que muchas veces hemos escrito estas notas asumiendo que el destinatario de ellas seria primaria o primordialmente argentino. Pero en general la intención -no solamente de esta sino de todas nuestras notas- ha sido dirigirnos a lectores de todo el mundo.

Hemos procurado de conservar los títulos originales con los cuales cada artículo fue en su momento publicado. Donde ello no fue posible, y con el objeto de no desarmonizar con la hemática que se viene tratando los hemos modificado.

Sobre feriados y "días de las memorias" varios

Siempre he tratado de eludir el tema que voy a abordar, porque -en el fondo- invariablemente me pareció una cuestión trivial. Pero, al comprobar con el tiempo que la mayoría de mis congéneres no lo considera así, creo que será oportuno que diga algo al respecto, aunque no sea mucho.

Hablaremos pues de los feriados. Pero antes, y para mejor orden, veamos que significa la palabra *feriado* yendo al diccionario de la Real Academia Española:

día feriado. 1. m. día festivo, especialmente el que no cae en domingo.

Vayamos ahora entonces a la definición de festivo:

festivo, va
Del lat. festivus.
1. adj. Perteneciente o relativo a la fiesta.
2. adj. Dicho de un período de tiempo: Señalado oficialmente para el descanso por celebrarse una fiesta solemne, por oposición a laborable. Apl. a un día, u. t. c. s. m.
3. adj. Alegre, divertido y gozoso.
4. adj. Chistoso, agudo o gracioso.

Por mi parte, -y a los solos efectos de este análisis- divido los feriados en feriados *estatales* (nacionales, provinciales, municipales, etc.) y *privados* (ninguno de los anteriores). La mayoría de las personas sólo conoce y acepta como "verdaderos" feriados los primeros, e ignora los segundos.

Nunca he creído en los llamados feriados *nacionales*, y persistentemente me parecieron infantiles y poco consistentes todos los trillados "argumentos" mediante los cuales se ha pretendido y se pretende "justificarlos".

Los feriados *nacionales* no son otra cosa que feriados *estatales*, fechas impuestas en el calendario alguna vez por alguna autoridad sin el consentimiento expreso, claro y contundente de cada uno de los ciudadanos a los que luego se los obliga a observar tales festividades. En realidad, este tipo de feriados carecieron de toda entidad y significación personal.

Pero ¿en qué consisten realmente estas supuestas *festividades*?

La inmensa mayoría de los feriados estatales argentinos conmemoran hechos militares, (guerras, golpes, rendiciones, invasiones, derrotas, victorias, etc.) los que -según el bando que se adopte entre los contendientes- tendrán el sabor amargo de la derrota o el más dulce de la victoria. ¿Realmente tienen estas fechas el carácter "Alegre, divertido y gozoso" que corresponde al vocablo *festivo* (nuestro equivalente a *feriado*)? Contesto que no, y que -además- me parece bastante enfermizo "celebrar" tales calamidades, porque realmente considero que todo hecho de violencia es una auténtica tragedia, no algo "festivo".

Constantemente he creído que los días feriados deberían ser efectivamente *festivos* (recordemos las acepciones *1. adj. Perteneciente o relativo a la fiesta. 3. adj. Alegre, divertido y gozoso. 4. adj. Chistoso, agudo o gracioso,* de la definición del vocablo). Y -por tanto- que no se compadece con dicho espíritu el rememorar sucesos militares, o civiles en el que hayan intervenido militares. ¿Que podría tener de *festivo* un hecho bélico, o cualquier acto de fuerza o de violencia? Posiblemente, para alguna mente morbosa si tengan hechos tales ese carácter: *3. adj. Alegre, divertido y gozoso. 4. adj. Chistoso, agudo o gracioso.* Por mi parte, no lo entiendo. Y, sin embargo, los argentinos (supongo que igual que en otras partes del mundo) celebran este tipo de cosas. Me sigo preguntando ¿hay algo que valga la pena "celebrar"? Pues estas no son fechas *festivas*, sino que son fechas para olvidar (al menos por parte de las mentes sanas). Otra pregunta que me hago es: ¿a que ayudan a construir los feriados nacionales? Mi respuesta -luego de mucho meditar- es: a nada.

En cambio, creo que esas fechas recordatorias, sobre todo si se refieren a sucesos acontecidos en el pasado reciente- solo sirven para avivar odios y rencores entre los partidarios de los bandos opuestos.

Caso típico es la nefasta evocación en Argentina de cada 24 de marzo recordando un golpe de estado. Desde su instauración como feriado nacional, la fecha solo ha servido para reavivar heridas entre partidarios y adversarios de los dos bandos en pugna de entonces: militares y subversivos. Cada bando tratando de torcer la historia para su propio lado, desfigurando todas las veces que se presenta la fecha en ocasión hechos históricos, roles, móviles, objetivos, causas, efectos y todo lo que se pueda tergiversar de aquella etapa historia. Generando un torbellino de discusiones inútiles, obtusas y aburridas que se repiten invariablemente en el mismo sentido, el mismo tono airado, y el mismo tenor, año tras año cada día 24 de marzo.

Los miembros (o simpatizantes) de un bando se esfuerzan por convencer a los partidarios del contrario de la razón de la lucha desde su propio punto de vista. Se habla de "memoria completa". Cuando todo esto es inservible. Los miembros de bandos antagónicos no están dispuestos a conceder ninguna porción de razón a los del bando antagonista. La recordación, cada vez que se presenta, revive los odios y las antiguas adversidades. Cada año es la misma historia.

También está el aspecto económico: la multiplicidad de feriados, además de no tener razón de ser para mí, entorpecen la productividad económica, son un aliciente a la irresponsabilidad laboral y al ocio inducido sin motivo válido.

Quiero aclarar que respeto mucho a los memoriosos y nacionalistas, quienes de buena fe son muy, pero muy afectos a "festejar" feriados patrios y demás. Sólo que aclaro que no me alisto entre ellos, y que mi crítica no se dirige a las personas que -de buena fe y en su propio circulo social- celebran estas fechas. Mi diatriba se orienta hacia el decreto de fechas oficiales, estatales, gubernamentales, etc.

Sostengo que es tiempo de liberarnos del pasado y empezar a construir la Argentina del futuro. No hay mayor falacia que aquella que dice que los pueblos que no recuerdan su pasado están condenados a repetirlo. Porque -contrariamente también se puede argumentar que- recordarlo tendenciosamente cada año es una forma de repetirlo o de inducir a revivirlo. Y esta forma de resurgirlo -aunque por ahora sea en los discursos y en la memoria- es una forma de reavivarlo, reencender odios y pasiones que hace tiempo deberían estar sepultados, y que impiden mirar hacia adelante y empezar a construir una genuina nación.

No estoy en contra a que cada persona, cada familia o cada grupo privadamente celebre estas y todas las fechas que se deseen. Pueblos y naciones que gusten vivir del pasado, o en nombre del respeto a sus tradiciones rememorarlas, deberían estar en plena libertad de hacerlo, pero, en el ámbito estrictamente privado o social civil. El estado-nación no debería de cumplir ni arrogarse ningún papel rector al respecto.

En cambio, me parece insano institucionalizar fechas recordativas, obligando a la sociedad toda a observarlas.

Establecer feriados obligatorios a nivel nacional y constreñir el aparato estatal a tolerar sus discursos oficiales, material de propaganda, y demás elementos que la corrección política del momento dicte a los gobernantes de turno, es -desde mi propio punto de vista- inmoral.

Argentina: obra pública y política fiscal

Política, burocracia y economía

En declaraciones recientes, el presidente Macri ha expresado que "los impuestos nos están matando".

Sin duda que la afirmación es acertada. Lo que es llamativo que sea un presidente *desarrollista* el que la formule. Repasemos la definición de *desarrollismo* según el diccionario de economía:

"**desarrollismo**. Término poco preciso que estuvo en boga en los años sesenta y que se refería a la ideología que postula como meta de la sociedad y de la acción estatal la obtención de un acelerado crecimiento económico. El desarrollismo latinoamericano hacía énfasis en la transformación de las economías atrasadas de la región, concentrando los esfuerzos en la creación de una base industrial y la superación de la condición de países exportadores de materias primas. En la mayoría de los casos este desarrollismo asumió como modelo de crecimiento la llamada sustitución de importaciones, la que se intentó lograr mediante un elevado nivel de proteccionismo. (V. DESARROLLO; PROTECCIONISMO; SUSTITUCIÓN DE IMPORTACIONES)."[100]

Si ninguna vacilación –al menos para mí- se trata esta de la política económica encarada por el gobierno de *Cambiemos* que, sin ser demasiado explícito en cuanto a precisiones ideológicas, se encamina en la dirección dada por la definición. Su distinción con el *liberalismo* –como ya lo indicáramos en ocasiones anteriores- consiste en que ese "acelerado crecimiento económico" se persigue a través de la acción estatal, en tanto que en el *liberalismo* el mismo objetivo se busca a través de la iniciativa y empresa privada.

También en forma coincidente con la definición que adoptamos, *Cambiemos* esta "concentrando los esfuerzos en la creación de una base industrial". En este sentido, destaca la promoción de la industria

---

[100] Carlos SABINO; *Diccionario de Economía y Finanzas.* Contiene léxico inglés-español y traducción de los términos al inglés. Consultores: Emeterio Gómez; Fernando Salas Falcón; Ramón V. Melinkoff. CEDICE. Editorial Panapo. Caracas. Venezuela. Voz respectiva.

de *infraestructura* emprendida. Veamos seguidamente que se entiende por tal en economía:

> **"infraestructura**. Término poco riguroso teóricamente que engloba los servicios considerados como esenciales para el desarrollo de una economía moderna: transportes, energía, comunicaciones, obras públicas, etc. La infraestructura de un país está constituida por todo el capital fijo, o capital público fijo, que permite el amplio intercambio de bienes y servicios así como la movilidad de los factores de producción. Se considera que la creación de infraestructura es básica en el proceso de desarrollo económico, pues en ausencia de ésta se limitan seriamente los incrementos en la productividad y no es posible, tampoco, atraer capitales. Muchos bienes de capital que integran la infraestructura son bienes públicos más o menos puros, como las carreteras, puentes y otras obras, en tanto que muchos otros son claramente privados. Ello ha llevado a una discusión con respecto al papel del Estado en la creación y desarrollo de una infraestructura adecuada: se entiende que éste puede hacerse cargo de construirla cuando no hay suficientes capitales privados para emprender determinados proyectos, y que puede proveer aquellos servicios y bienes que son públicos. Pero, en general, la experiencia histórica indica que, para el resto de los casos, resulta más eficiente la presencia de empresas privadas que compitan entre sí cuando ello es posible."[101]

A nuestro juicio, no cabe incertidumbre en cuanto a que este es el espíritu que anima al gobierno de *Cambiemos*. Lo que resulta difícil conciliar, es la expresión del presidente Macri, señalada al principio, con el financiamiento de toda esa obra de infraestructura que se está realizando. Y ello, porque va de suyo que el gobierno solamente podrá costear estos emprendimientos mediante *impuestos*, esos mismos impuestos que el mismo gobierno estima elevados y

---

[101] Carlos Sabino, *Diccionario de Economía y Finanzas*, Ed. Panapo, Caracas. Venezuela, 1991. Voz pertinente.

asfixiantes. Si el Ejecutivo fuera sincero en su deseo de bajar la carga fiscal ¿cómo se sufragarán todos los proyectos de obra pública y habitacional que se están realizando más los que se han prometido para el futuro inmediato? Esto no aparece claramente explicado.

Por la teoría económica básica sabemos que los gobiernos carecen de recursos propios. Todos los fondos de los que disponen provienen indefectiblemente del sector privado, y en última instancia del contribuyente. De allí, es lógico derivar que, si los impuestos se reducen esto implicará infaliblemente menores recursos para destinar a la obra pública ya iniciada y la venidera. Cabría entonces pensar que el plan del gobierno podría consistir en una reducción de impuestos acompañada por un incremento de la deuda púbica, que reemplazaría en una proporción similar aquella reducción, y permitiría continuar con el plan de obras de infraestructura.

Si este fuera el propósito, surgirían a primera vista dos escollos inmediatos, uno de tipo político y otro económico.

Desde el punto de vista político, una reforma impositiva como la propuesta o sugerida por el poder ejecutivo, sólo podría ser legalmente materializada por el Congreso. Esto, porque así lo dispone la Constitución de la Nación Argentina (a tal respecto, véanse los incisos 1º y 2º del art. 75 de la Carta Magna, Capítulo IV, titulado "Atribuciones del Congreso"). En lo inmediato, parece bastante remota esta posibilidad, al menos durante el curso del presente año, dado que el oficialismo necesita de mayoría parlamentaria –que no tiene- como para aspirar a conseguir la aprobación de una reforma impositiva, que el mismo gobierno admite como necesaria y prioritaria. En el ínterin ¿qué podría hacer el Ejecutivo? Podría contraer deuda, pero aquí brota la segunda dificultad:

Desde lo económico, el obstáculo surge en cuanto se repara que todo incremento de deuda estatal significará que se están trasladando hacia el futuro los efectos financieros de la misma. Llegado el vencimiento del empréstito -o de los empréstitos que se contraen- habrá que cancelar el principal con más sus intereses, y para ello no habrá más remedio que subir impuestos, con lo cual cualquier rebaja que se haga hoy será transitoria, e implicará una nueva escalada en lo futuro.

Finalmente, el gobierno podría cubrir su proyecto desarrollista mediante inflación, mecanismo que siempre termina tentando a todos los poderes constituidos. No obstante, también figura entre las metas del oficialismo reducirla. En suma, es bastante difícil de explicar –hoy por hoy- cómo piensa *Cambiemos* llevar adelante su proyecto desarrollista.

La marcha del 1°A

Se han dado muchas lecturas a la marcha ocurrida el 1 de abril en la Argentina. En esta oportunidad desearía dar la mía. Yo no creo mucho ni soy amigo de las manifestaciones en la vía pública. Siempre entendí que no es el ámbito adecuado para expresarse (de la manera que fuere) pero dejando de lado mis preferencias personales, y dado que -al parecer- la tendencia se dirige por esa vía, será conveniente dar mi visión sobre los móviles de esta nueva marcha. Digo nueva porque ha habido anteriores de muy distinto signo en las semanas que precedieron a la del 1A, pero esas fueron todas opositoras al gobierno de *Cambiemos*.

Una de las cosas que me llamó la atención fue haber escuchado a varios periodistas decir que la marcha de 1A combinó elementos que, si bien apoyaban al gobierno al mismo tiempo le reclamaban un "cambio". Dado que estuve en la marcha y hablé con mucha gente en el lugar, debo decir que mi impresión no fue exactamente esa. Tanto en los canticos como en las conversaciones mantenidas con los asistentes percibí un claro clima de apoyo total y completo al presidente Macri. No escuché quejas ni reclamos. Y -menos aun- pedidos de "cambios de rumbo".

Esto me permite reafirmar algo que vengo <u>expresando</u> desde que asumió el gobierno de *Cambiemos,* y es que, tanto el electorado del mismo como la gente que acudió en su apoyo el día indicado, no esperan un "cambio de rumbo" sino una continuidad en la política encarada por el presidente Macri y su equipo.

El partidario de *Cambiemos* entiende que el *cambio* se operó el día que aquel asumió la presidencia. Y la marcha -en mi percepción- es un claro aval a que se continúe en el camino llevado hasta el presente. Quizás, algunos prefieran otros cambios cosméticos menores. Pero -en lo principal- la gente avala (y así lo hizo saber el 1A) tanto el rumbo económico como el político del partido de Macri.

Hubo claras expresiones de apoyo, tanto hacia el sistema democrático, como respecto de las personas de Mauricio Macri y María Eugenia Vidal (gobernadora de la provincia de Buenos Aires). Cánticos contra dirigentes gremiales (por ejemplo, Baradel, secretario general de un gremio docente contrario al gobierno y promotor de paros en su sector). Pero, lo que en ningún momento percibí ni nadie me lo dijo en el lugar fue disconformidad, reclamos o "cambios" de rumbo a lo que el gobierno ha venido haciendo hasta ese momento. No se pues de donde podría provenir ese comentario de que la gente que estaba allí reclamaba un "cambio" al gobierno.

He leído de amigos liberales que esperan que, después de la marcha, el gobierno de Macri dé un giro hacia una política económica más orientada a una economía de mercado y menos populista. Sigo pensando que se ilusionan con algo que no forma parte ni del gobierno ni de su base electoral. Ya he escrito que tanto Macri como la mayoría de su equipo no son proclives hacia el liberalismo ni el mercado libre, sino que su pensamiento económico se encuentra más cercano al <u>desarrollismo</u> (al estilo del ex presidente Arturo Frondizi) que al de un mercado libre de injerencias gubernamentales. Y –repito- el electorado de *Cambiemos* votó precisamente por este modelo económico, y no por un *laissez faire* que no dudo que sería lo ideal, pero insisto, no lo veo en los planes a corto y mediano plazo de este gobierno.

En las redes sociales, los macristas apoyan entusiastamente cada nuevo anuncio de obras públicas encaradas por el gobierno. Va de suyo que, un modelo <u>desarrollista</u> como el que ha emprendido el gobierno demanda la elevación del gasto público y -por consiguiente- su respectivo financiamiento a través de los únicos medios que el gobierno puede hacerlo: impuestos, inflación, deuda. Si el trayecto esperado por los macristas es este, vano es que los liberales nos esperancemos con bajas del gasto, impuestos y deuda pública. Por el contrario, podemos esperar iguales niveles de ellos a los actuales e inclusive aumentos significativos en los tres o algunos de los tres.

Algunos dicen que el gobierno no tiene un plan económico. Yo opino que lo tiene, sólo que no lo ha hecho explicito. Y, en todo caso, el plan está a la vista y en ejecución: obra pública, tanto estratégica como de infraestructura. Al menos hasta el momento, así se percibe.

Claro que coincido con mis amigos liberales que este no es el itinerario correcto. Pero no me convenzo con un giro del gobierno hacia el liberalismo, simplemente porque no juzgo que esté en las convicciones de sus dirigentes, y menos aún en la de su electorado.

Por definición, el modelo <u>desarrollista</u> (que puso en práctica el gobierno) ha de conllevar un grado importante de proteccionismo. También se puede decir que el <u>desarrollismo</u> no es más que una modalidad del proteccionismo. Por lo que es también esperable que las barreras aduaneras, aranceles y otras regulaciones contrarias al libre comercio se mantengan, quizás algo más atenuadas, porque también es de la esencia del desarrollismo la inversión extranjera y no excluyentemente la nacional. Claro que es difícil sino imposible lograr inversiones con alta presión fiscal, pero no es extraño imaginar que el gobierno combine y calibre ambos mecanismos. Lo cierto es que el electorado y la gente que fue a la convocatoria del 1A apoyan todo esto, pese a que como liberales sabemos que no es el camino acertado, y que -en largo plazo- este tipo de política economía no conduce a buenos resultados, sino que, por el contrario, tiende a agravarlos.

Algunos quisieron establecer comparaciones entre la marcha del 8N y esta. Conceptúo que no hay comparación posible, por muchos factores. Entre ellos, el más importante que la del 8N fue en contra del gobierno del FPV y la del 1A fue a favor de un gobierno y no en contra. En la del 8N si se le reclamaban cambios -y profundos- al FpV (los que finalmente no se llevaron a cabo nunca). Otro cantar fue el de la manifestación del 1A. Insisto, estuve presente y no escuché reclamos por "cambios", sino apoyo explícito al derrotero encarado por Cambiemos.

Finalmente, me queda expresar porque fui. En mi caso, mi presencia fue en apoyo del sistema democrático y republicano de gobierno. Particularmente preocupado por la reivindicación que se hizo una semana antes por las Madres de Plaza de Mayo hacia el terrorismo guerrillero de los años 70. Esta fue mi mayor motivación para concurrir. Quienes me conocen saben que mi opción siempre será por un régimen democrático, republicano y liberal del gobierno.

Como dejé explicado, considero que el gobierno debería cambiar el recorrido económico y dirigirse a una economía de libre mercado pleno. Pero -al mismo tiempo- soy consciente que, de los allí presentes, seriamos muy poquitos los que pensábamos lo mismo. El grueso de los manifestantes está conforme con la línea que lleva el gobierno, política y económicamente, mal que nos pese a los liberales.

¿Hacia dónde va el gobierno?

Decíamos algunos días atrás que la política económica del presidente Mauricio Macri se ve claramente orientada hacia un modelo *desarrollista* de la economía, lo que ha sorprendido y de alguna manera viene desilusionando al grupo de liberales que lo apoyan y que le dieron su voto en las elecciones en las que el presidente se alzó con el triunfo.

Con todo, seguimos sosteniendo que el conjunto de liberales mencionado, no ha sido un caudal de mayor importancia en el cómputo final de los votos obtenidos por el presidente. La superior proporción de electores de Macri provienen de los seguidores de la alianza que lo catapultó al poder, es decir el sector de la UCR liderado por Ernesto Sanz y la Coalición Cívica cuya referente es Elisa Carrió. Si analizamos el perfil de estos votantes nos daremos cuenta que su eje de pensamiento se encuentra más bien distante del liberalismo. Es por eso que, en aquella ocasión anterior, entendíamos que, si bien los liberales -ya sea se encontraran enrolados en los partidos mencionados, ya sea se hallaran fuera de ellos- que votaron a Macri se sentían extraviados ante la política económica que viene desplegando el actual gobierno, no sucedía de manera análoga con el grueso de los electores de Macri, que tuvieron en mira lo que visualizaron como un proyecto *desarrollista,* si bien no fue explícitamente descripto por el entonces candidato de *Cambiemos* con esa exacta denominación.

Hay un interesante paralelismo que puede hacerse entre los partidos y personas que conforman el Frente "Cambiemos" y el pasado del *desarrollismo* argentino. Como es sabido, el Frente *Cambiemos* está constituido por el PRO (espacio político del actual presidente Macri) la UCR presidida por Sanz, y el ARI de Carrió. Esta última proviene de las filas del radicalismo al que perteneció antes de componer su propio partido político. Y retrotrayéndonos más aun al pasado, el ex presidente Frondizi antes de fundar su propio partido que fuera conocido con las siglas MID que significaban "Movimiento de Integración y Desarrollo", también había estado afiliado a la UCR, que en su época se había escindido en dos ramas o *subpartidos*: la UCRI ("Unión Cívica Radical Intransigente") y UCRP ("Unión Cívica Radical del Pueblo"). Frondizi llegó a la presidencia liderando la UCRI, para luego pasar a encabezar su propio partido (el MID).

Con esto, podemos visualizar que -al menos en Argentina- el *desarrollismo* (modelo económico que, en los hechos, aunque no tanto en el discurso, viene desplegando el presidente Macri, ha tenido un origen indudablemente *radical*, que -en lo económico y a través del tiempo- siempre ha sido **intervencionista**, condenando por igual tanto al liberalismo como al socialismo. No ha de llamar la atención el rumbo tomado por *Cambiemos,* si tenemos en cuenta los orígenes ideológicos de las agrupaciones que lo constituyen.

Será oportuno insistir, una vez más, en algo que a menudo se olvida: y es que la Argentina nunca tuvo gobiernos liberales o partidos liberales al frente del gobierno. Lo que -a su turno- se explica porque el componente ideológico que constituye el sustrato de la sociedad argentina es nítidamente **intervencionista,** con una muy fuerte tendencia hacia el estatismo más exacerbado.

Y existe otro elemento, que es el de la confusión que esos mismos gobiernos han sembrado entre sus electores:

"Otra valla para la fluidez del mensaje liberal son gobiernos que usan desaprensivamente la etiqueta liberal pero se abocan a la corrupción escandalosa, al aumento del gasto estatal y la deuda pública en el contexto de severos incrementos impositivos, manejo discrecional del tipo de cambio, la dispersión arancelaria y la ausencia más palmaria de la división de poderes. En esa situación no son pocos los que terminan desconfiando seriamente (y muy injustamente) del liberalismo que en verdad es inexistente en esos climas tóxicos."[102]

En alguna medida, es debido a esto mismo que muchos macristas y antimacristas piensen que su gobierno es "liberal", y pese a que varios funcionarios del mismo (incluido el propio presidente Macri) han renegado públicamente del liberalismo. No son pocos los casos en que, muchas personas están convencidas que el *liberalismo* tiene que ver con lo anterior. Precisamente, el *desarrollismo* del MID, que, en suma, se emparienta con el más rancio *keynesianismo,* creía en las políticas activas del estado, en las que justamente un elevado gasto estatal, más impuestos, arancelamientos, tarifas, controles, etc.

---

[102] Alberto Benegas Lynch (h)"¿Es efectivo el mensaje liberal?" publicado originariamente y tomado del

Diario de América / America's Daily > ¿Es efectivo el mensaje liberal? por Alberto Benegas Lynch (h)

son tenidos por los medios "idóneos" para lograr la ansiada meta del tan anhelado "desarrollo". Y muchos son los que confunden "esto" con "liberalismo".

Por eso, decíamos días atrás que, los electores de Macri querían realmente este tipo de política, y fueron coherentes en la elección del candidato "ideal" para llevarla a cabo. Nosotros como liberales, sabemos que están equivocados, que muchas veces se han ensayado todo tipo de políticas activas y que -en definitiva- fueron las que condujeron al país al estado calamitoso en el que hoy se encuentra. Pero, lamentablemente, el plafón cultural del argentino promedio no ha sido modificado en décadas, desde el primer peronismo hacia aquí. Y aun vemos lejos, muy lejos el atisbo apenas de alguna lucecita "liberal" al final del túnel.

Prueba de todo lo dicho es que, en los seguidores del presidente Macri, no hay ningún reclamo visible ni generalizado por disminuir el gasto estatal, ni bajar impuestos, etc. sino que las "críticas" que se le hacen al presidente son situadas para que distribuya de la manera más "equitativa" posible todo ese caudal de dinero compuesto por impuestos, subsidios, aranceles, etc. y que no se eliminen los subsidios, sino que se los dirija a quienes "realmente" los "necesitan". En estos puntos consisten las mayores objeciones que los macristas le hacen al presidente.

En definitiva, no se reprueba una política económica dirigista o intervencionista. Se pide continuar con el dirigismo, pero que el *dirigismo* se dedique a *dirigir* el dinero de unos otorgándoselo a otros. Camino ya probado y fracasado.

Elecciones en Argentina

No suelo ser afecto a tratar temas coyunturales, no porque no los considerar importantes sino porque creo que la coyuntura es consecuencia y no causa de las cosas que nos suceden. Pero opino que la ocasión amerita que, por una vez más, me aboque a la coyuntura. El caso es en el día de mañana los argentinos saldrán a votar en circunstancias políticas e históricas muy especiales, en las que están en juego dos maneras de gobernar bien marcadas y diferentes entre sí.

Por un lado, tenemos el actual gobierno de "Juntos por el Cambio" encabezado por el actual presidente Mauricio Macri, y por lado de enfrente, la principal fuerza opositora ahora denominada "Frente de todos" eufemismo para encubrir aquel otro eufemismo que se dio en llamar el "Frente para la victoria" creado por el matrimonio Kirchner, que no es más (como siempre lo he dicho) que una secta del sempiterno partido peronista creado por J. D. Perón.

Mas que dos modelos de país, como se dice, considero que se tratan de dos maneras de gobernar. Se podrá estar muy en desacuerdo con la gestión del actual presidente Macri, sin embargo, me parece que es claro que más allá de los posibles y muchos errores cometidos, hay un rasgo que lo distingue y que es la honestidad.

No se puede decir lo mismo del peronismo en su conjunto, si bien hay cierta heterodoxia en algunos que se llaman "peronistas", pero han adoptado un discurso alejado de esa ideología (un ejemplo podría ser el actual candidato a la vicepresidencia por el partido JxC, que -si no es un oportunista- no se puede decir de él que siga siendo "peronista", aunque le guste personalmente seguirse llamando así).

Pero, fuera de cualquier caso excepcional, el peronismo nació de un golpe de estado militar en 1943 perpetrado por un grupo de oficiales (el "grupo de oficiales unidos" más conocido por sus siglas G.O.U.) que adherían a la ideología filo nazi-fascista, y cuyo máximo exponente fue precisamente el entonces coronel J. D. Perón.

Mucho hemos escrito sobre que la ideología nazi-fascista fue el fundamento del peronismo y lo que determinó y sigue determinando su destino, ayer y hoy (del mañana obviamente no hablamos, pero es nuestro deseo que -tal como sucediera en los países de Europa- el nazi fascismo desaparezca también en Sudamérica, lo que de momento no sucede así, habida cuenta que para prueba tenemos entre nosotros al peronismo del cual precisamente estamos hablando y que mañana una vez más protagonizará una nueva elección con sus candidatos a todos los niveles de gobierno).

De su origen nazi-fascista el peronismo derivó -con el tiempo- en fascismo puro, caracterizado por un culto al líder en el cual se concentra todo el poder y a quien (como aquel tristemente célebre "Rey-Sol", Luis XIV de Francia) se lo identifica con el "estado" mismo. Pero el fascismo implica, asimismo, la negación del individuo y -por consiguiente- de todos sus atributos esenciales, tal como la libertad, la propiedad, e incluso la vida misma, en subordinación a un "estado" corporativo donde todas las actividades económicas se concentran en corporaciones, creadas y digitalizadas por ese mismo "estado" fascista (léase su líder humano) al cual deben rendirse y someterse todas las demás personas, sacrificando sus intereses particulares. Bien lo sintetizó Mussolini cuando proclamó "Todo dentro del estado, nada fuera del estado" sin decir -obviamente- que ese "estado" era él (no tuvo el coraje ni la valentía de Luis XIV que, quizás -un tanto ingenuamente- admitió su identificación propia con el estado).

Lo que está en disputa, entonces, entendemos son estas dos concepciones distintas de concebir la política, y más que ella, la filosofía de vida que debe animar a una sociedad.

La posición que adoptan ambas agrupaciones políticas de cara a sus relaciones con el exterior también cuenta. No puede extrañar a nadie que el "Frente de todos" se alinee con dictaduras como la cubana, la venezolana y las de los países del Medio Oriente. Ni que, asimismo, vea con agrado las acciones terroristas que a la fecha suceden en algunos países de la región, como su apoyo indisimulado a movimientos subversivos y a todos aquellos que atentan contra el orden establecido, la paz y la convivencia entre las personas.

Esto es lo que se juega en las elecciones que se van a llevar a cabo en Argentina: dos estilos de vida diametralmente contrapuestos.

La apetencia del poder por el poder mismo hace que el peronismo mute sus formas. Lo que jamás cambia es su esencia y lo ha demostrado ampliamente, porque excepto los gobiernos militares, el peronismo fue la fuerza política que más gobernó la Argentina desde 1945 a la fecha. Por eso, podemos decir que los conocemos bien porque han dominado buena parte de la historia política de ambos siglos.

Entonces, más allá de los posibles errores del actual gobierno, pienso que debemos de tener presente que todos los gobiernos han errado el camino, pero la diferencia la marca la *honestidad*. El peronismo jamás ha hecho una autocrítica profunda y sincera a sus métodos. La candidata a vicepresidente, actual legisladora, ha repetido desde su banca en el Congreso que ella no se arrepiente de nada de lo que ha hecho durante sus doce años de gobierno. Su actual candidato a presidente (Alberto Fernández) dice que ella y el son lo mismo. El actual gobierno de *Cambiemos* -en todos sus niveles- no sólo hace autocritica, sino que pone continuamente de manifiesto su voluntad de corregir lo que se haya hecho mal.

El peronismo hace apología de sus delitos, es decir, no sólo no hay autocritica alguna, sino que hay una escandalosa exaltación de lo que se hizo mal. Asimismo, hablan de derogar la Constitución de la Nación Argentina y reemplazarla por otra (recordar que ya lo había hecho Perón en 1949) en otras palabras, no han cambiado nada en todos estos años.

Juzgo que esto debe ser decisivo a la hora de ir a votar. Por todo esto, y por mucho que nos desagrade la situación actual, la única opción viable y realista es votar por "Juntos por el Cambio".

La importancia del G-20

La "cumbre" del G-20 que convoca a los principales líderes *políticos* (aclaramos lo de *políticos* porque hay muchos otros tipos de líderes que no son de esta clase) y que se realiza en la República Argentina concentra la atención de los medios de todo el mundo. En muchos casos por admiración y en otros por rechazo a este tipo de conclaves.

No voy a explicar aquí que es el G-20, ni cuáles son sus fines declarados, porque dicha información abunda en todos los medios de comunicación, sean nacionales o internacionales. Sino que voy a abordar mi propia impresión de este tipo de invitaciones.

La verdadera importancia de estas convocatorias entre jefes de estado (y por la cual creo que hay que prestarles mucha atención) reside en el hecho de que estas personas son las que manejan el fruto del trabajo de millones de otras que son las que verdaderamente producen la riqueza que los gobiernos redirigen hacia otros sectores, o que directamente consumen por sí mismos. Lo que decidan -por muy diversa que sea su agenda- tendrá siempre uno u otro efecto, o ambos.

La suerte de los destinos económicos mundiales está en sus manos, porque poseen la fuerza legal para captar sus recursos sin que nada (o muy poco) podamos hacer para evitarlo.

La presencia física de los jefes de estado de las diversas naciones que lo componen es -a mi juicio- un dato irrelevante que sirve no más que para atraer la atención e impresionar a las personas del llano alejadas de los entornos políticos. Digo esto, porque en la era que vivimos donde la informática y las telecomunicaciones tiene un desarrollo tal que no hace falta como antaño la reunión física de personas para trabajar o concretar negocios, los que hoy en día pueden realizarse sin mayor esfuerzo ni necesidad de desplazarse de un lugar a otro a través de internet y las demás formas de ciber-comunicación, tornan -de alguna manera- superfluos los múltiples desplazamientos geográficos que antaño resultaban necesarios.

De hecho, las economías de los países intervinientes no estarán ni más ni menos controladas por la circunstancia de que los jefes de estado se reúnan en un salón físico o no lo hagan. Los mismos efectos se acusarían si la "cumbre" se celebrara por teleconferencia o similares. Lo relevante son las resoluciones que estos políticos toman y no los medios (presenciales o a distancia) en que lo hagan. Es indistinto se están realmente próximos o distantes, en tanto existen formas de comunicación simultáneas y perfectamente sincronizadas. Pero no es en estos plenarios (donde todos se muestran juntos para las fotos) donde se toman las determinaciones relevantes que afectan a la economía mundial, sino que es mediante los acuerdos internacionales previos que tampoco requieren la presencia corporal de los contratantes por las mismas razones dadas antes y que normalmente se firman a través de representantes diplomáticos con mandatos suficiente, lo que pocas veces justifica el desplazamiento de los "líderes" máximos del mundo político.

Pero, por otro lado, los acuerdos comerciales que pretendieran efectuarse en esas "cumbres" ya vienen condicionados por tratados internacionales previos, a los que hay que agregarles el cúmulo de sus legislaciones internas propias de cada país miembro, que determinan y reducen a un punto muy menor el margen de maniobrabilidad que tengan los actuales jefes de estado como para permitirles incorporar grandes innovaciones, que luego podrían llegar a correr el albur de no poder imponer, total o parcialmente, modificando sus respectivas legislaciones internas.

Estas circunstancias le quitan mucha de toda esa espectacularidad con la que las personas comunes (y la prensa en general) suele rodear estas "cumbres" mundiales. Lo que queda después es, esencialmente, escenografía pura.

Esto no minimiza -no obstante- el enorme poder que tienen tales personajes sobre nuestras economías domésticas. Las que aun contando con las limitaciones señaladas pueden manejar casi a su antojo.

Lo trascendente -con independencia de la forma y el lugar donde se lo haga- es que estas personas son las que -en definitiva- decretan como se gastarán las producciones que millones de otras personas, que no pueden y ni siquiera desearían participar de estas "cumbres", han elaborado mediante su propio esfuerzo.

Es que parece que el mundo se ha acostumbrado a que los grandes desafíos empresariales no los tomen ya los empresarios sino los políticos. Esto se ve como algo normal y aceptable a los ojos de la gran mayoría de las personas. Y, desde mi propio punto de vista, me parece altamente preocupante. Se considera como "normal" que lo privado sea manejado por lo público o -más precisamente- por lo estatal, y que soluciones que, en una economía sana, serían tomadas por consumidores y proveedores (léase empresarios, comerciantes, etc.) lo sean por el estado-nación o cualesquiera que fueren sus representantes de turno. Es -ni más ni menos- la sustitución del mercado libre por el más puro estatismo. Y esto se refleja en ocasiones como las que ahora ocupan estos comentarios.

Pero, como decimos, es lo expuesto lo que nuestras sociedades actuales aceptan. Los que se oponen a estas "cumbres" no lo hacen por los motivos que estamos esgrimiendo, sino alentados por imponer -también desde el gobierno- una orientación ideológica diferente (sea denominada de izquierda, de derecha o de centro) pero siempre teniendo al gobierno como protagonista y agente activo, es decir, con exclusión del individuo y de la iniciativa privada en sí misma.

Lo positivo de todo el asunto puede resultar de efectos colaterales que la publicidad de estos encuentros puede generar. Algunos empresarios privados, hipotéticamente, ajenos por completo a los vínculos con el poder, pero fácilmente dependientes emocionalmente de la publicidad que los medios le otorguen a aquel, podrían ser influenciados por la difusión que se les dan a estos actos burocráticos, y los decida a invertir en los países anfitriones. Esto podría ser un rasgo positivo y no querido (o sí) por parte de los jefes mundiales al autoconvocarse de esta manera, cuando, el verdadero propósito -podemos sospechar- es el de qué manera beneficiar a las empresas dependientes o vinculadas al gobierno miembro participante.

Con todo, el efecto psicológico que tienen estos sucesos políticos para la población en general resulta verdaderamente impactante, por la corriente actitud de genuflexión ante el poder que inspiran las imágenes de autoridad que dan los gobernantes.

El "neoliberalismo" de Macri

Respecto de la cuestión de si el gobierno del presidente Macri es *neoliberal* o no, caben hacer las siguientes reflexiones que tienen que ver con puntos que hemos desarrollado en muchas otras oportunidades.

En lo personal, trazo diferencias sustanciales entre los términos *liberalismo* y el más popular *neoliberalismo*. Dado que -en lo particular- adhiero al liberalismo y no el *neoliberalismo* volveré a precisar (lo más sintéticamente que me sea posible) que entiendo por esta filosofía a la que yo suscribo.

Lo que sigue son las respuestas que le di a un ocasional interlocutor español que sostenía que en Sudamérica y -especialmente- en la Argentina había un gobierno *liberal* o *neoliberal*. Voy a tratar de desarrollarlas en el mismo orden en que se dio el diálogo que mantuve con él.

Mis respuestas a sus "planteos" fueron las siguientes:

1. El último vestigio de liberalismo que tuvimos por estos lares, tuvo su punto culminante en las décadas del 20 y del 30 del siglo pasado (variando en la región según cada país, claro). El "auge" del liberalismo en el curso de la historia mundial (ya no sólo sudamericana) fue relativamente breve en una perspectiva histórica que puede decirse comprendida entre fines del siglo XVIII hasta las dos o tres primeras décadas del siglo XX. Desde estas últimas fechas hasta la actualidad las ideas liberales fueron paulatinamente siendo desplazadas por la ideología socialista asumiendo distintos grados y proporciones según las épocas. En Sudamérica, característicamente, hallaron buena acogida las ideologías fascistas y sus variantes populistas que gozaron de gran predicamento desde mediados del siglo pasado hasta nuestros días. En el caso argentino, ello con el peronismo, e incluso con gobiernos de diferentes denominaciones, inclusivamente militares. Desde esta última época hasta la

actualidad puede decirse que los otros gobiernos argentinos han girado dentro de un círculo conformado por el populismo y la socialdemocracia (en el mejor de los casos). Pero, siempre en las fechas indicadas, ninguno ha rozado siquiera la esencia del ideario liberal, ni han puesto en ejecución sus más efectivas recetas.

2.   El proceso descripto tuvo su punto de partida a partir de la década del 30 del mismo siglo, donde se empezaron a introducir en Latinoamérica -importadas de Europa- las doctrinas fascistas y nazistas, y sus correlatos económicos: el nacionalismo y el proteccionismo. Las ideologías mencionadas, implantadas en la región con mucha fuerza hacia mediados del siglo pasado se mantuvieron hasta nuestros días oscilando entre un estatismo virulento hacia otro más atenuado. El gobierno del presidente Macri -en mi opinión- es un estatismo de bajo grado en comparación a los gobiernos precedentes argentinos. Nuevamente, nada de ello tiene siquiera punto de contacto con el liberalismo que se le achaca.

3.   En lo económico, estrictamente, se aplicó -durante los periodos antes enumerados- el keynesianismo. Keynes publicaba su "Teoría General..." en 1936, pero sus opiniones empiezan a colarse en Latinoamérica hacia fines de los años 50, y tienen su apogeo en los 70 del mismo siglo, en gran parte gracias a la CEPAL. Esas teorías se siguen aplicando más tenuemente en la actualidad. Como se observa...nada de "liberalismo" en todo un largo periodo...hasta hoy. Esta tendencia no lo fue solo en la Argentina, sino en la mayor parte de la región.

4.   En los años 80 y durante casi 20 años, en Chile se pusieron en marcha algunas tesis "monetaristas" con buen éxito. Sin embargo, como no se quiso abandonar de todo el keynesianismo, la mejoría no fue óptima. Pero fue un buen intento. Como se ha venido observando en las últimas décadas,

México, Perú y Colombia mejoran sus economías en la medida que se apartan del intervencionismo keynesiano.

5. En cuanto a llamar a todo lo anterior "neoliberalismo" puede aceptarse siempre y cuando -y en la medida que- se tenga en claro que "neoliberalismo" NO ES liberalismo. En otra <u>oportunidad</u> hemos llegado a la conclusión que el "neoliberalismo" no es otra cosa que lo que nosotros llamamos <u>intervencionismo</u> (quizás de bajo grado, pero intervencionismo al fin). Al "neoliberalismo" se le oponen el **liberalismo**, por un lado, y el **colectivismo** por el otro. Desde este punto de vista, el gobierno de Macri si seria "neoliberal", es decir intervencionista de grado reducido o intermedio. Claramente No liberal. En esta línea, el keynesianismo también sería una vertiente "neoliberal".

6. Mas precisamente, el accionar del presidente Macri se orienta hacia una política <u>desarrollista</u>. El "desarrollismo" no es más que un derivado del keynesianismo. En estas latitudes se lo intentó a fines de la década del 50 y principios de la década del 60 del mismo siglo XX. Sus pilares son la obra "pública", tanto industrial, vial, como habitacional, financiada con inversiones privadas o estatales. Quizás esto sea "neoliberal", pero no es liberal de modo alguno, toda vez que el liberalismo no promueve (ni deja de hacerlo) actividad específica ninguna, sino que deja en libertad a todo el mundo para que encare la acción lícita que prefiera sin interferencias del gobierno.

El interlocutor español al que refuté con estas respuestas confesó -al fin de cuentas- no ser experto en economía (por cierto, le agradecí su honestidad intelectual al hacerlo), al tiempo que le respondí que, me gustaría saber en qué "fuentes" o autores serios se basaba para lo que venía afirmando. Y me remitió a la Wikipedia (lo que le agradecí de todos modos) no sin aclararle que tal remisión no es suficiente (ni muy académico que digamos), ya que se trata tan sólo de una simple enciclopedia, que, para peor, se escribe en forma anónima y en la que cualquiera puede entrar, escribir, modificar, borrar, editar los artículos, etc. (lo que es tanto peor).

Por último, le agregué que, sería bueno que nos indicara que economistas había leído, sus nombres y apellidos, o -al menos- sus apellidos, como se titulan sus libros, ediciones, etc. ...tanto como para tener alguna base o referencia válida. Lo que sería útil también para estar al corriente en qué y cómo fundamentaba sus dichos, tales como que "el keynesianismo no fue totalmente aplicado" (afirmación sorprendente, por cierto), cuando hasta los mismos economistas keynesianos aseveran lo contrario a lo que tan tajantemente decía. Pero, lamentablemente, nunca conseguí que me contestara.

Algunas hipótesis sociológicas sobre la argentinidad

El tema de las crisis argentinas es recurrente en la mayoría de los análisis, tanto locales como extranjeros. En ellos se focaliza la mirada sobre sus causas económicas y políticas por lo general, pero hace tiempo que venimos -por nuestra parte- sosteniendo que las verdaderas razones de este fenómeno son subyacentes, y que lo político y económico es -en realidad- lo que emerge a la superficie solamente. Es decir, es el síntoma de algo más de fondo o de base. Vamos a reflexionar seguidamente -una vez más- sobre lo que para mí serían estos posibles orígenes, aclarando que, lo que a continuación consigno someramente, son no más que observaciones personales provenientes de mi experiencia diaria. Comencemos:

Veo que el argentino, mayoritariamente, siempre está empezando de nuevo, pero no empieza algo nuevo, sino que repite lo ya hecho antes. No continúa con algo, sino que lo reinicia, por eso perpetuamente está estancado en el mismo lugar. Quizás -intuyo- ese sea el motivo por el cual el país no progresa ni avanza.

Cuando algún valiente (en minoría) quiere principiar algo realmente nuevo, de inmediato es atacado por el primer grupo (el mayoritario) que quiere emprender como "nuevo" algo que ya se ha ensayado en múltiples ocasiones anteriores, previo echar al olvido todas las experiencias pasadas en tal sentido.

Un ejemplo personal pero recurrente: luego de estar organizando durante varios días una acción conjunta con varias personas y ya tener definida la tarea a emprender, alguien (que no participó de tales negociaciones, por equis motivo) llega de repente al grupo, y alegando que "no pudo" estar presente en las anteriores tratativas, propone realizar otra reunión para volver a discutir y volver a decidir lo que ya se había resuelto antes por los que si participaron. Es decir, en pocas palabras, comenzar todo de nuevo y desde cero.

Lo lógico (reflexiono) hubiera sido que los demás integrantes del equipo se opusieran a la "idea" de la persona recién llegada que plantea (como "gran novedad") recomenzar todo desde cero. Pero, para mi sorpresa (sorpresa que -ante un sin fin de experiencias anteriores similares- ya va dejando de serlo) no. Todos aceptaron volver a discutir lo ya discutido y volver a decidir lo ya "decidido". En pocas palabras: horas, días y semanas de debates, "definiciones" y "resoluciones" ya tomadas perdidas.

También lo noto muy seguido en mis relaciones interpersonales y también las laborales. Doy instrucciones, indico una metodología de trabajo, fijo metas a un grupo de trabajo que depende de mí, y después de obtener las conformidades, aceptaciones y acuerdos de todos, puestos a trabajar me encuentro con que -en los hechos- ninguno entendió nada, o realizan la tarea en forma completamente contraria a la convenida.

¿Será esta una característica más de nuestro pueblo? ¿sucede también así en otras partes del mundo? No lo sé a ciencia cierta. Pero puedo dar fe que en toda mi experiencia laboral u organizativa en el país esto ha sido perennemente una constante. No obstante, en los últimos años, la veo agudizada en extremo. Mi conclusión, triste conclusión, es que persistentemente estamos comenzando todo de nuevo, y que cuando creemos "definir", o haber "definido algo" en realidad no hemos definido nada en el más pleno sentido de la palabra *definición*. O, definimos y redefinimos sin cesar en forma invariable, permanente y sin fin. De allí, proyecto y deduzco, que esta puede ser una hipótesis fuerte a la hora de explicarnos porque no avanzamos como país ni como nación.

Y no se trata de corregir errores donde procede dar marcha atrás. Sino de recomenzar todo el proceso "decisorio" sin ponerlo en ejecución y, por ende, sin siquiera contar con la experiencia del error. Ya que, si ni siquiera se emprende es imposible conocer si el proyecto será exitoso o no.

Tampoco se trata de tener un proyecto en común, sino de fijar un objetivo y llegar a la meta. Con las correcciones necesarias y los ajustes del caso forzosos y naturales, pero para llegar a la meta fijada, y no estar gastando horas, días, meses y años en discutir y volver a "definir" (sin definir) medios y fines…y no llegar a ninguna meta, y ni siquiera cruzar la línea de largada.

Otro rasgo acusado que observo es la gran manía argentina por complicar lo sencillo y burocratizar lo no-burocratizable. Advierto que cuando el argentino promedio frente a una situación a resolver tiene dos caminos, uno simple y otro más complejo, casi invariablemente elige este último. Un hecho que a muchos parecerá trivial a mí me resulta altamente significativo. Por ejemplo, el nombre de la ciudad de Buenos Aires. Lo que antes era simplemente la Capital Federal, o simplemente la Capital o Buenos Aires, ahora lleva el quilométrico nombre de "ciudad autónoma de Buenos Aires". Es decir, lo que antes designábamos solamente con dos palabras ahora necesitamos cinco para denominarla. O, en otros términos, lo que antes se abreviaba con dos iniciales (CF) ahora necesitamos cuatro (CABA) lo que además es -desde el punto de vista jurídico- una denominación incorrecta, ya que la ciudad como tal no es "autónoma", habida cuenta que, en tanto y en cuanto, las autoridades nacionales (como sucede hoy) tengan su asiento y residencia en su ámbito ello le priva de total autonomía y, como han señalado autorizados constitucionalistas (entre ellos los Dres. Badeni, Spota y otros) lo que verdaderamente es "autónomo" es el gobierno de la ciudad, en tanto no depende (en teoría) del nacional (cosa también relativa) pero no la ciudad en sí misma. Puede -insisto- parecer al lector un detalle de lo más baladí, pero lo tomo como significativo de la gran manía argentina de enredar absolutamente todo, de lo que ni siquiera se salva el lenguaje.

Cosa parecida han hecho con los nombres de las calles. Lo que antes era la calle llamada simplemente "Artigas" ahora lleva el nombre completo del prócer "José Gervasio de Artigas" pasando de una palabra simple a la innecesaria complicación de cuatro palabras solo para denominar a la misma calle. De la calle "Pozos" pasamos a "Combate de los Pozos" (de una a cuatro palabras). Y así, siguen los ejemplos.

En fin. Esto, como digo, veo que se proyecta de lo micro a lo macro y viceversa, esta manía por embrollar definitivamente todo, por girar continuamente en torno de un mismo asunto sin avanzar, por cambiar para que todo siga igual (gatopardismo). Es algo que, creo, identifica en muchos aspectos a los argentinos y -como expresaba al comienzo- se proyecta de lo micro a lo macro, y explica, de alguna manera, nuestra peculiar sociología, de marchas y contramarchas, idas y venidas, que tanto llama la atención a los extranjeros que nos visitan.

"Vamos a volver"

"Vamos a volver" es el cántico de los adherentes al partido peronista. Es una adaptación más reciente del creado a fines de los sesenta y comienzos de los setenta que decía "Luche y vuelve" en alusión al General Juan D. Perón entonces confinado en su exilio en España. Es decir, el "Vamos a volver" no es una creación reciente, ni se aplica solamente a la actual coyuntura política, sino que es más una declaración de principios del peronismo. Y podría decirse que les ha ido bien con esa muletilla constante y tediosa, porque siempre han vuelto. *Volvió* Perón de su largo exilio y fue ungido con una tercera presidencia, y luego de Perón *volvieron* sus "muchachos peronistas" una y otra vez al gobierno.

Pero más allá de sus *vueltas* al gobierno argentino, todas ellas para quedarse largos años disfrutando del poder, el "Vamos a volver" tiene un significado más profundo todavía, porque es una fe de dogmas que ya se han hecho parte de la historia política del país. Es *volver* al pasado. En Argentina no es un "Vamos hacia el futuro", "vayamos hacia adelante", "al porvenir". No. Es "Vamos a volver" ¿a "volver" adonde?

Sólo se puede *volver* al pasado, a la década fascista del 40 cuando el peronismo trepa al poder y comienza una obra destructiva que llega hasta nuestros días. Es esta Argentina, la Argentina que siempre está diciendo "Vamos a volver"… hacia atrás, hacia el atraso, hacia la pobreza, hacia la miseria, hacia lo que nunca funcionó en ninguna parte del mundo.

Por eso Argentina no crece, no se levanta, no asciende, porque *siempre está volviendo*, ayer como hoy volver hacia el único punto donde se puede volver… hacia atrás. Todo eso está plasmado y queda representado por el famosos cantito "Vamos a volver", que entonan hoy con alegría los de ayer y hoy "muchachos peronistas".

Entonces, la filosofía política argentina es un *eterno retroceder* que está representado por la facción peronista. Y siempre me he negado a los distintos "ismos" que se han querido formar con los apellidos de sus dos últimos personajes (Menem y Kirchner) porque el único "ismo" válido es el del fundador del partido (J. D. Perón) y que los discípulos no sólo han dicho profesar lealtad a su líder, sino que han querido "adaptar" sus ideas dirigistas a épocas "modernas" y a las coyunturas en las que les tocó gobernar.

Como acertadamente se ha dicho muchas veces, la "lógica" del peronismo ha sido y es la *del poder por el poder mismo*. Por eso Perón fue fascista durante sus dos primeros gobiernos (¡donde gritaba "¡Ni yankees ni marxistas, peronistas!") pero debió "tolerar" a la izquierda dentro de su movimiento durante su tercer periodo.

Política, burocracia y economía

Por análogos motivos y para mantenerse en el dominio, Menem se vio forzado a autorizar medidas económicas (por caso privatizaciones monopólicas y oligopólicas) que jamás había aceptado antes de llegar a la presidencia de la nación, pero la coyuntura económica existente al momento de su arribo al gobierno no le dejaban margen alguno para aplicar el populismo abiertamente fascista del fundador de su partido y en el cual él verdaderamente creía. Debió ser pragmático. Y también, por el mismo motivo el matrimonio Kirchner tuvo -para conseguir mantenerse en el gobierno- que aplicar las recetas contrarias a las que había tomado su predecesor partidario quien -a ese tiempo- había ganado alguna creciente impopularidad.

De la misma manera que Menem debió dar cierto giro hacia la "centro-derecha" como se decía, los Kirchner tuvieron que hacerlo hacia la "centro-izquierda" conforme se discutía entonces. Todo (para tanto en un caso como en el otro) no perder ni un gramo de autoridad. Es decir, siguiendo la lógica del líder y fundador del partido.

La constante en el peronismo y de estos personajes siempre fue la de "El fin justifica los medios" (Maquiavelo) y como "el fin" es y fue el poderío, los medios han de adaptarse a esos fines, si es necesario se habla de "Economía popular de mercado" (Menem) o de su contrario (Kirchner y "Sra."). Todo vale en y dentro del peronismo cuando de lograr y mantenerse en la cúspide del poder se trata.

Y desde luego, la democracia cae dentro de la misma "lógica"; es para ellos *sólo un mecanismo formal* para acceder a esa cima política que tanto anhelan, por la cual luchan en forma constante sean gobierno u oposición. Y esta última palabra es clave: el peronismo esta tan acostumbrado a gobernar (a su antojo) que siendo la primera vez que debió ser oposición en el gobierno de Macri, no supo serlo más que de la manera en que ellos siempre han accedido y permanecido en el mando: conspirando y saboteando cualquier medida que tome alguien que no perteneciera al "movimiento" y al que circunstancialmente le toque gobernar. Prescindiendo de las torpezas, errores y desconocimientos propios de los gobiernos de Alfonsín y De la Rúa también lo hicieron con estos anteriormente, si bien con mayor éxito que con el presidente Macri.

Pero regresando al punto inicial, el "Vamos a volver" es ya casi como una "filosofía" de toda la Argentina. Es como un compromiso con el pasado, con todo lo retrogrado, con todo lo que paraliza e inmoviliza, con una actitud sociológica que impide a los argentinos crecer. Una visión psico-filosófica de un constante *mirar hacia atrás* y ambicionar un pasado de autoritarismo, de pobreza, de estancamiento.

Una actitud enfermiza de una sociedad enferma en lo más profundo de su ser. Todo eso la Argentina lo sintetiza en el "Vamos a volver" peronista, porque el peronismo se ha infiltrado hasta en las fibras más íntimas del ser nacional, se milite en el partido que se milite, todo está impregnado de peronismo, es decir de *retraso, anacronismo, primitivismo, tribalidad* en su más áspera expresión. Eso es -hoy por hoy- la Argentina en la que se vive. ¿Qué futuro le espera a una nación que en lugar de aspirar al porvenir sólo repite y ansia el "Vamos a volver"? Y -paradójicamente- quienes corean como loros "Vamos a volver" se llaman a sí mismos *progresistas* ¿alguna vez se ha visto incoherencia mayor?

Sobre la fórmula Macri-Pichetto

La "decisión" del presidente Macri de incorporar como candidato a vicepresidente a una figura extrapartidaria proveniente del peronismo, viene a confirmar <u>todo cuanto hemos venido diciendo</u> desde que el primero asumiera la presidencia de la república[103], y lo ratificado en un reciente artículo nuestro.

Muestra la hibridez de las ideas políticas argentinas, que navegan en el amplio mar de la socialdemocracia en cuyo seno caben los populismos de alto y bajo grado.

---

[103] http://www.accionhumana.com/search?q=macri&updated-max=2015-11-23T21:00:00-08:00&max-results=20&start=0&by-date=false

Política, burocracia y economía

Estos extremos no sólo conviven dentro del partido peronista, sino que son compartidos por toda la sociedad vista en su conjunto.

Lo anterior, se visualiza mejor si consideramos ciertas situaciones concretas.

Tomemos, por caso, una de las "banderas" del populismo como es el *asistencialismo*. Tanto peronistas como no-peronistas e -incluso- antiperonistas concuerdan en que el asistencialismo debe existir como política de cualquier gobierno. En lo que difieren es en cuanto a quienes deberían ser los destinatarios finales de sus medidas. Mientras el peronismo sostiene que existe un "derecho universal" a la asistencia social por parte del "estado" (que en la práctica se termina dirigiendo sólo a sus afiliados y simpatizantes), el anti (y no) peronismo respalda que sólo quienes realmente la necesiten deben ser sus beneficiarios bajo ciertas condiciones y por un periodo limitado. Sólo el liberalismo rechaza la idea asistencialista como política de estado. Pero esta última posición es tan minoritaria en la sociedad argentina, que ni siquiera se la considera por parte de la opinión pública por resultar *políticamente incorrecta.*

En otras palabras, lo que tienen en común, tanto peronistas como no peronistas y antiperonistas, es que los tres concuerdan con el asistencialismo que -a su vez- es un ingrediente común (y esencial) a cualquier populismo, y en lo que difieren no es en cuanto a lo sustancial, sino en lo relativo a la aplicación y el destino de cada una de las políticas populistas. Esto hace que las diferencias entre ellos sean mínimas, de detalle y puedan ser salvadas mediante acuerdos y compromisos.

Es por ello que, no es de extrañar el reciente y repentino anuncio del pacto entre el presidente Macri y el senador peronista Pichetto, que tienen más en común que lo que la mayoría de los sorprendidos con la noticia suponen. Lo que no es creíble es que el convenio se haya logrado velozmente. La gente confundió la velocidad del anuncio con la de la decisión de ambas partes (proponente y propuesto). En política se negocia como en cualquier otro ámbito, y las conversaciones han de haber llevado un buen tiempo. Es probable que Pichetto antes de decidir haya consultado a las autoridades (o quizás con algunos de ellos. No lo sabremos) del partido que representa en el Congreso en relación al ofrecimiento proveniente del partido oficialista.

Y la alianza se alcanzó porque sus discrepancias no son de fines sino de medios, y no sobre todos los medios posibles. Macri y Pichetto dan a entender a la ciudadanía, con tan rápida divulgación de su oferta y aceptación respectivas, que los supuestos desacuerdos políticos entre ambos son mínimos, de detalle y superables. Y ambas figuras personifican -en lo ideológico- a los sectores de la ciudadanía más mayoritarios.

La línea de demarcación la traza la forma corrupta de gobernar que caracterizó al ala izquierda del peronismo simbolizado por lo que fuera el FPV de los K[104] con pretensiones gubernamentales -por un lado- y otra manera incorrupta de gobernar configurada por la coalición Cambiemos (ahora "Juntos por el Cambio"). Se le añade al *desarrollismo* profesado por Macri (sobre el cual ya nos hemos explayado bastante anteriormente)[105] el *populismo* (de bajo grado) que simboliza Pichetto.

Es que, los criterios con los que ahora se vota en la Argentina ya no tienen que ver con si es de *derecha* o de *izquierda* o si se es *peronista* o *antiperonista*, sino con si se está favor o en contra del narcotráfico, la trata de personas, la corrupción, el aborto, la homosexualidad, el matrimonio gay, la "igualdad de género" (u otros disfraces terminológicos) la inseguridad, y temas por el estilo. Es decir, no cuál es la perspectiva o *doctrina política* que se defiende, sino cual es la postura seguida en aquellos temas por los candidatos. Los demás, (que antes eran relevantes) que incluyen la ideología o enfoque partidario del candidato, pasan a ser un dato intrascendente y secundario.

---

[104] El matrimonio Kirchner.
[105] Ver la nota numero 1

Política, burocracia y economía

Y en lo económico, es sobre lo que se pronuncia y no sobre lo que efectivamente el gobierno realiza. Es así que, el electorado valora más que se declame en contra la inflación a que efectivamente se la combata. Prima más el discurso que los hechos.

Por eso, para el votante argentino, lo primario es el candidato, y su posicionamiento frente a los temas del momento más "acuciantes" que vive un país (según los entiende el ciudadano mayoritario) o que las modas políticas imponen, y no el partido de donde proviene. Esto explica lo que -a primera vista- sería el contrasentido de la unión entre un político peronista y otro (en teoría) no peronista.

Esto no es nuevo en Argentina. Pocas veces o casi ninguna veo recordar que en 2003 se presentaron cuatro candidatos del mismo partido (peronista) a disputarse entre sí, en elecciones nacionales, la candidatura a presidente de la nación, y que dos de ellos quedaron habilitados para la segunda vuelta (la que finalmente no se llevó a cabo por la deserción del favorito).

El peronismo es el partido donde sus integrantes no tienen ningún escrúpulo en sumarse a quien sea para hacer alianzas o componendas electorales, si eso los posiciona en un grado de poder algo mayor al que tenían antes, por mínimo que fuere el avance logrado en la negociación.

Entre tanto, la señal que da el partido de Macri con esta decisión, podría ser la de intentar desarticular o absorber al peronismo incluido ahora en todas sus variantes (K y no K)[106] que rechaza aliarse al oficialismo o acompañarlo en sus proyectos legislativos. En suma, debemos recordar que el poder político tiende a consolidarse y a concentrarse en sí mismo. Y para ello, nada mejor que recurrir al antiguo apotegma "divide y reinaras". En dicho sentido, no puede decirse que la "jugada" no ha sido estratégica.

---

[106] Ver la nota 2.

El dilema del gobierno

Las dificultades económicas que se encuentra atravesando el gobierno de *Cambiemos* hallan diversas fuentes. La mayor parte proviene -a no dudarlo- del descalabro de todo tipo legado por el anterior gobierno del FpV* y, en segundo lugar, el propio proyecto *desarrollista* encarado por la actual administración del presidente Macri y su equipo de colaboradores, combinado con el *populismo* remanente, en un porcentaje importante, legado y en otro adoptado por Cambiemos como componente de su política de gobierno.

Por definición, ambos modelos, tanto el *desarrollismo* como el *populismo* son fuertemente demandantes de recursos para llevar a cabo sus cometidos. Uno y otro son vigorosamente intervencionistas en la economía y, como tales, también los dos generan notorias distorsiones en los indicadores económicos. Por lo cual, asimismo, son también inviables en el mediano y largo plazo.

Si se combinan, la mezcla puede ser letal.

Según he podido apreciar, el votante de Macri hizo su elección por estas razones de mayor o menor peso relativo:

1. El perfil desarrollista del presidente Macri.

2. Su hartazgo con el modelo populista del gobierno anterior (FpV)*

3. Los altísimos índices de corrupción también alcanzados por el FpV* en su gestión.

Posiblemente los dos últimos factores o motivaciones hayan pesado más que el primero en la elección del candidato de Cambiemos para conducir los destinos políticos y económicos del país.

Lo cierto es como decíamos que, desde el ángulo exclusivamente económico, *desarrollismo* y *populismo* son infactibles en el mediano y largo plazo, porque uno y otro son intervencionistas. Lo que -por supuesto- de ningún modo esto equivale a la afirmación de que son la misma cosa, ni que se puedan confundir entre sí. Si bien conducen al mismo resultado lo hacen por vías diferentes.

Política, burocracia y economía

Es bastante probable que el presidente Macri (convencido desarrollista-a nuestro juicio-) esté manteniendo y tratando de combinar el mismo con ciertas medidas populistas, más como un recurso político que otra cosa. Y posiblemente también que lo esté haciendo en contra de sus verdaderas convicciones, más que nada influido por algunos de sus ministros, secretarios y allegados más cercanos que lo presionan en tal sentido. También hay que recordar que su Frente (Cambiemos) está conformado por sectores de la UCR y del ARI-CC que, sin ser abiertamente populistas, son -contradictoriamente- asistencialistas.

Pero como bien se ha dicho, el camino al infierno está empedrado por las mejores intenciones. Y esto es lo que -en suma- cuenta.

El dilema en el que se halla Macri -a mi modo de ver y atendiendo las opiniones que recojo de sus más fervientes partidarios- es que su electorado aspira a que continúe por el conducto del modelo desarrollista emprendido (y al cual creemos que Macri adhiere con sinceridad), y que deje de lado la política asistencialista, típica y esencial al más caro populismo, pero, en principio, extraña al desarrollismo entendido en su acepción originaria.

No obstante, parece ser que los más conspicuos asesores del presidente no están convencidos de aconsejar al primer magistrado el abandono del asistencialismo populista (se mantiene y se refuerza el programa de los llamados "planes sociales", que no son más que simples y llanas subvenciones -más o menos encubiertas o explícitas- a personas que no trabajan por disímiles motivos) por los supuestos "costos electorales" o "políticos" que -de dejarse de lado- se le atribuyen.

Hay un obstáculo no menor que, con frecuencia, se soslaya en los análisis político-económicos, y que es el *status* legislativo. Por un lado, al arribar al poder, *Cambiemos* se encuentra con un cúmulo de leyes populistas que están vigentes y el gobierno debe cumplir y hacer cumplir, lo que es un condicionamiento importante que -de alguna manera- "ata de pies y manos" al gobierno de Macri.

Por otra parte, al momento de redactar estas líneas, *Cambiemos* no tiene mayoría propia en ninguna de las dos cámaras legislativas del congreso, y ambas están dominadas por partidos y legisladores de ideologías progresistas y aun de extrema izquierda, lo cual es mucho más preocupante como condicionante para el libre actuar del poder ejecutivo.

Sectores del poder judicial, por último, también participan, en parte y moderadamente, en algunos casos más y en otros menos, especialmente en el fuero laboral y de seguridad social, de esa filosofía asistencialista y progresista. En materia penal reina el abolicionismo en oposición al punitivismo. En fin.

Todos estos ingredientes complican y dificultan el recorrido a seguir y las decisiones a tomar.

Como constituyente agravante, la oposición se enardece por algo positivo, como es la decidida voluntad del gobierno de combatir la corrupción en todos sus frentes, y el aparente acompañamiento que -en tal sentido- se visibiliza haber comenzado a brindar el poder judicial en algunos fueros. Como contrapartida. la Iglesia católica y el sindicalismo también se suman a una oposición recalcitrante.

Todo este análisis, nos indica a nosotros al menos que, el margen de maniobra que tiene el poder ejecutivo es bastante pequeño como para adoptar posiciones y medidas que se aparten demasiado de estos importantes cercos políticos. Y si tenemos en cuenta que, desde el campo más amplio de lo social, la filosofía dominante -en todos los ámbitos- es progresista e intervencionista, no se vislumbra en el corto plazo ninguna variante de rumbo apreciable en la dirección de los asuntos políticos y económicos que no sea de grado. Solo una tajante y profunda transformación cultural podría producirlo, pero ello -naturalmente- no en lo inmediato.

Convendrá remarcar nuevamente -a fin de despejar toda duda- que el *desarrollismo* no tiene puntos de contacto con el liberalismo, excepto en unos pocos de sus fines. Pero en lo que a los medios se refieren las discrepancias entre ambos sistemas son absolutas. Como dijimos, el desarrollismo es esencialmente intervencionista, en tanto el liberalismo es anti-intervencionista.

En suma, los problemas económicos que actualmente enfrenta el gobierno no son sino consecuencia del dominio de ideas que están abiertamente reñidas con la más sencilla lógica económica, que enseña que solo el trayecto emprendido por el liberalismo es la vía racional para superar toda crisis y dirigirse hacia el genuino progreso y prosperidad.

*siglas del "Frente para la Victoria", secta política peronista integrada por el nefasto matrimonio Kirchner.

El futuro inmediato.

Quedan pocas dudas que el futuro inmediato en materia política y económica sería bastante diferente de ganar una de las dos fuerzas mayoritarias en pugna, por un lado, el peronismo (representado por la secta denominada ahora "Frente de Todos" (FdT) y, por el otro, Juntos por el Cambio (JxC). Para decir esto no nos basamos tanto en los discursos de campaña, los que en precisión poco nos dicen de lo que realmente hará en el gobierno el partido que se alce con el poder, sino más bien los antecedentes de ambas facciones partidarias que ya ejercieron el poder,

Nunca nos parecieron profundas las críticas que se le han hecho al gobierno, y no digo por parte de la oposición sino de los medios e incluso las de analistas que merecen nuestro respeto. Una de esas críticas, sobre las cuales se ha insistido desde distintos sectores, dice que la mala gestión de *Cambiemos* residió preponderantemente en no haber explicado a la gente claramente cuál era la "herencia" recibida del anterior. No obstante, fueron muchas las ocasiones en las que -al menos- el presidente Macri lo hizo luego de asumir la primera magistratura, y suponiendo que no se hubiera expuesto después de obtener el poder, seguir sosteniendo esa falacia importa tanto como subestimar al votante de Cambiemos, porque si en la anterior elección nacional la gente votó por Macri y no por el candidato del -entonces- oficialismo era porque el electorado tenía bien en claro que la gestión del anterior gobierno fue lo suficientemente mala como para votar por algo distinto a lo que había, y de esa conclusión salieron los votos en favor de *Cambiemos*. Pretender que después de asumido el poder *Cambiemos* declarara a sus electores que lo habían elegido cuál era la situación del país al momento de la elección, importaba tanto como tener que manifestar al votante de *Cambiemos* porque había votado a *Cambiemos,* cosa que el elector ya sabía (si no, no hubiera votado a *Cambiemos*). Es decir, quienes sostienen como un error que el gobierno no hubiera revelado a la gente (*post* elecciones) la situación del país al momento de la elección que le diera el triunfo, implica tanto como creer que la gente que elige a quien en definitiva resulta ganador no sabe porque lo vota o porque lo votó, lo que significa tanto como conjeturar que es estúpida.

Otra crítica fútil me parece la que se le hace al "gradualismo" del gobierno. Aquí hay un fenomenal mal entendido a mi modo de ver. Con la palabra *gradualismo,* en rigor, no se dice mucho más que se procede o se va a proceder a realizar un cambio de manera pausada o por fases espaciadas en el tiempo. Pero esto no tiene en sí mismo ningún significado si en realidad no se sabe explícita o implícitamente hacia donde se piensa o se desea dirigir ese cambio gradual (o gradualista).

La lectura que se hace de esto último es bastante diferente cuando la hace un liberal a la que le da un antiliberal o no-liberal. Todo parece que indicar que muchos liberales han entendido que cuando el gobierno hablaba de *gradualismo* se refería a dirigirse hacia una economía liberal o de mercado. Yo siempre he insistido que el presidente Macri es un *desarrollista* no un liberal, y cuando el habla de *gradualismo* lo hace no refiriéndose al camino a seguir hacia una economía liberal o de mercado, sino hacia otro tipo de economía más afín con su *desarrollismo*. O sea, *gradualismo* hacia una economía *desarrollista* (sobre lo que nos hemos explayado en otras ocasiones). Y al momento actual consideramos que esta sigue siendo la idea y proyecto del presidente Macri. Quizás los liberales tengamos cierta arrogancia en pensar que todo político debería (por el mero hecho de llegar al poder) de insertarse en nuestras ideas y dirigirse en forma automática del modo en que los liberales estamos convencidos que debe actuarse y, asimismo, casi de forma mecánica, que cuando el presidente hablaba de *gradualismo* se estaba refiriendo a ir hacia una economía de mercado o liberal. Pero -yo al menos- nunca creí que el presidente hablara de eso y que fuera su intención. El aludía y sigue haciéndolo de salir de una economía de tipo populista y recorrer el camino del *gradualismo* hacia otra economía de carácter *desarrollista* (cosa que hizo en su gestión enfocada en la obra pública y de infraestructura industrial). Opiné y sigo opinando que a este *gradualismo* apunta el presidente, y no como muchos liberales creen que la meta que él tiene es una economía de libre mercado absoluta. Nada más lejos de la realidad.

Otra cuestión en la que no coincidimos con muchos analistas es en que el gobierno no tuviera un plan económico. Creemos que siempre lo tuvo como gobierno desarrollista, ya que el *desarrollismo* implica un proyecto económico. Esto tiene conexión con lo que dijimos al comienzo cuando manifestamos cual fue la razón por la que el electorado eligió a Macri presidente. Si no subestimamos a la gente tenemos que concluir que fue escogido porque quienes lo hicieron sabían o presumían que el nuevo gobierno llevaría a cabo una política económica diferente a la del gobierno que se descartaba. Seria infravalorar al elector del nuevo gobierno insistir en que estaba eligiendo lo mismo en materia económica a de lo que se pretendía salir o, más absurdo, algo peor. Por lo demás, una cosa es no anunciar un plan económico y otra diferente es tenerlo y llevarlo a la practica en hechos concretos. La política de obras públicas y de infraestructura encarada por el actual gobierno responde claramente a un plan económico, sólo que, de tipo *desarrollista*, no liberal. Claro que, como liberal, hubiera preferido que Macri tuviera un plan económico liberal, pero no se le puede pedir a un *desarrollista* que haga cosas de liberales. Y eso es lo que -me parece- muchos liberales no terminan de comprender.

Ahora bien, ante la alternativa electoral próxima, se enfrentan dos modelos emparentados en algunas cuestiones menores, pero con diferencias cruciales en cuanto a sus respectivos esquemas: por un lado, el *desarrollismo* de Cambiemos (o ahora JxC) y por el otro, el *populismo* extremo del peronismo (nunca consideré pertinente diferenciar por sus distintas etiquetas tanto al anterior "Frente para la Victoria" como ahora e este "nuevo" "Frente de Todos" de lo que son en esencia : peronismo puro, con todo lo negativo que este último término implica y resume).

Y aunque son cosas diferentes *desarrollismo* y *liberalismo*, mi opción electoral ha de ser por aquella a la que más se acerque a la liberal y, por muy lejos que el desarrollismo este del liberalismo no me cabe duda que la distancia que separa al liberalismo del populismo es todavía muchísimo mayor, y esa distancia es insalvable, y si bien hay una alternativa liberal en la oferta electiva también es cierto que no tiene ninguna chance de arrimar los votos mínimos para acceder a un ballotage, lo que me lleva -en esta hora decisiva donde están en juego las libertades individuales, la propiedad y aun la vida de los argentinos- a optar (al menos electoramente aunque no en el terreno de la pura economía) por el actual gobierno, que se perfila -al momento- como la única candidatura capaz de rivalizar con el monstruo populista y dirigista que siempre fue y sigue siendo el peronismo (K o no K).

Reflexiones poselectorales

Finalmente pasaron las elecciones presidenciales con amargos resultados para quienes valoramos las virtudes republicanas y las libertades individuales, habida cuenta que los triunfadores[107] son quienes abominaron de ellas en el pasado y continúan rechazándolas en el presente (y seguramente también en el futuro inmediato).

Si para algo sirven las elecciones políticas en Argentina es para tomarle el pulso a las ideas y sentimientos del votante porque, al emitir su voto, no sólo expresa su sentir político sino lo más significativo de su psicología o manera de pensar y de vivir. Ya que el que vota hace más que simplemente elegir un candidato. Elige un modo de vida.

De ser ciertos los resultados finales (siempre he expuesto públicamente mis serias dudas sobre cifras oficiales de las que sean) la lectura que hago es que un 47% votó en favor de la corrupción, el narcotráfico, la delincuencia, el latrocinio, el odio, la violencia, el autoritarismo, etc.

Lo curioso del caso es que este 47% triunfó por sobre el 53% restante que votó por lo contrario a lo mencionado antes. Esta particularidad (que una minoría pueda llegar a gobernar por sobre la mayoría disidente) es una característica introducida por la reforma de 1994 a la Constitución de la Nación Argentina incorporando el nefasto art. 97 a la Carta Magna entre otras aberraciones incrustadas por tan desafortunada innovación. Pese a que -desde ese año- la "nueva" constitución dice que la Argentina es una "democracia", en los hechos y a contramano, los arts. 97 y 98 de la modificación establecen una verdadera **oligarquía,** ya que el propósito original de los reformadores del año 94 era el de prolongar los mandatos presidenciales (mediante la reelección) reduciendo simultáneamente el número de sufragios para ello.

De allí que, desde dicho año, resulta gracioso (en realidad patético) que se siga hablando de la Argentina como una "democracia" cuando su propia Constitución determina que basta un 40% o un 45% de los votos para ser presidente. Desde Aristóteles hasta acá que el gobierno de una minoría es una **oligarquía**, lo inverso a una *democracia*.

---

[107] El "Frente de Todos" secta peronista de A. Fernández y C. Kirchner.

De la última elección esto es lo negativo (que sea una minoría la que gobernará, y que esa minoría sea lo peor que le puede pasar al país) lo positivo y -de alguna manera- consolador es que la mayoría del 53% se oponga al proyecto totalitario del peronismo "K".

Decimos *lo peor* porque gobernaron durante 12 años y no se cansaron de saquear al país dejándolo en medio de una catástrofe económica fenomenal.

Pero volviendo a la psicología del votante ¿Cómo entender estos resultados?

Quizás la praxeología de Ludwig von Mises puede acudir en nuestra ayuda para ello. Según esta ciencia, el axioma fundamental de la acción humana es la de pasar de un estado menos satisfactorio a otro de mayor satisfacción. Esto se verifica siempre, por eso mismo es un axioma. La acción humana se compone de dos partes: *medios* y *fines*. Estos *fines* -como explica el mismo L. v. Mises- pueden ser *sublimes* o *ruines*.

De acuerdo a este axioma, el ciudadano al votar al "político X" lo transforma en un *medio* para llegar a un *fin* que es coincidente tanto para el votante de "X" como para el "político X" mismo. Y como los *fines* pueden ser *ruines* o *sublimes*, si el ciudadano le da su voto a un candidato que cuando estuvo en la función pública integró un gobierno en el que imperó y campeó a sus anchas la corrupción, el narcotráfico, la delincuencia, el latrocinio, el odio, la violencia, el autoritarismo, etc. protagonizada por el "político X" en persona o por miembros del gobierno que componía, significa que estos hechos le permitieron (al votante de "X") mejorar su estado en mayor grado que lo hizo cualquier otro gobierno diferente (anterior o posterior al del "candidato X").

Y viceversa, si el candidato "Z" conformó o encabezó un gobierno en el que imperó la decencia, la rectitud, la honradez, el orden, el respeto a la ley, la cordialidad, la paz, la armonía, la libertad, etc. el ciudadano que lo vota lo hace por los mismos motivos, es decir, porque sus *fines* personales coinciden con los del "candidato Z", y porque considera que (de ese modo) mejorará su estado personal (y/o familiar, social, etc.). En suma, todos al votar lo hacen persiguiendo un mismo *fin último* (pasar de una situación de menor satisfacción a otra de mayor) aunque sus *medios* sean diferentes en un caso y en el otro.

De esta manera se explican no sólo los resultados de esta elección nacional sino la de todas las elecciones humanas.

En el campo de los juicios de valor (órbita que excede a la praxeología) será una cuestión de inclinaciones volcarse por unos medios y fines o por otros encontrados. Desde mi personal punto de vista, en las elecciones argentinas ultimas, el 47% del Padrón electoral se volcó (sintetizando) por la indecencia, la delincuencia y la decadencia, es decir, por los disvalores, antivalores o contravalores, en tanto el 53% restante por los valores (reales, valga la redundancia). Pero, optimistamente, creo que la diferencia existente fue menor a la de 6 puntos (por lo que he mencionado antes en cuanto a "datos oficiales" dudosos).

De todas maneras, es bastante doloroso observar la opción final de ese 47% que, si bien minoritario (lo positivo) será, paradójicamente, el que gobernará (lo negativo). Y el imaginable daño que provocarán los electos, dado el grado de odio y resentimiento con el que regresan al gobierno a completar la obra destructiva que comenzaron en el año 2003.

Corroboro también que mucha gente sigue siendo tan ignorante de la economía como siempre, exceptuando que lo único que quieren es tener mayores bienes y servicios (*fines*) y que los *medios* para conseguirlos carecen de importancia para ese 47% que cree que los métodos delictivos para mejorar su estado personal son tan válidos como los antidelictivos. Por eso nunca estuve de acuerdo con quienes decían que el equipo de Macri fracasaba en comunicar eficazmente la pesada carga económica recibida del gobierno anterior. Mas allá de que lo explicó muchas veces, si no lo hubiera hecho no hubiera cambiado el resultado electoral. Como diría un amigo mío, la gente promedio vota con el estómago o el bolsillo. No entiende de sofisticadas explicaciones económicas. Elige al gobierno que mejor le promete alimentarlo, y le retira su apoyo al que no lo hace.

Argentina: país fallido.

Las graves circunstancias que vive la Argentina después de la vuelta al gobierno del peronismo, esta vez con nuevo rótulo ("Frente de Todos", ex "Frente para la Victoria") ponen de manifiesto un sombrío panorama que revela el deterioro moral, -político y económico que vive el país, inclusive podemos afirmar que en ese mismo orden. Con la salida de Macri del poder se esfuma la esperanza de una reconstrucción cívica perdida por los largos y penosos gobiernos peronistas que se han venido sucediendo durante décadas salvo escasas excepciones.

Pero los cimientos de esta debacle moral han comenzado siendo socavados desde lo más profundo, iniciándose por la destrucción de la educación en todos sus niveles, para seguir luego contaminando por completo los restantes estratos sociales. En medio de esa descomposición, la aparición de un hombre como Macri enarbolando valores republicanos y de respeto hacia el otro (elementos constantes en su prédica) resultó ser una especie de cuerpo extraño en un país carcomido cultural y socialmente como el regreso al poder del peronismo (en su última versión, justamente la que saqueó impiadosamente al piais durante una larguísima década) termina de manifestar.

Es difícil ser optimista en Argentina, un país inmaduro, eternamente adolescente en el más cabal sentido de la palabra, principiando por la adolescencia de las más primordiales y fundamentales virtudes morales hoy poco más o menos desaparecidas. Y de allí a lo político, económico, educativo y -en suma- a todo el entramado social, desde lo más alto hasta lo más bajo, todo aparece infectado.

En el trato cotidiano se nota incluso la falta de respeto, la desconsideración por y del otro, las malas maneras, la mala educación o -en el mejor de los casos- la más total indiferencia. Esos son los rasgos que demuestra el argentino común y corriente, y lo raro es lo contrario, personas y situaciones cada vez más difíciles de encontrar. Prácticamente no hay sector que se analice que escape a esta descripción.

Y no es cuestión de culpar a los políticos exclusivamente ya que, como tantas veces hemos dicho, ellos son parte y resultado de la sociedad de la cual emergen, son un subproducto cultural de la misma. Por eso, en última instancia, lo que distingue a los políticos entre si son más que nada cuestiones de índole personal más que ideológicas, por mucho que parezcan discrepar en determinados tipos de temas. Ciertamente algunos se desemparejan más que otros, pero todos ellos tienen en común que son parte del mismo sustrato cultural del país en el que viven o donde se han criado y formado. Si la sociedad no cambia, difícilmente lo hagan sus políticos, porque el cambio no lo operan los políticos sobre la sociedad sino esta sobre aquellos.

Entonces, el lector se preguntará: si la sociedad no puede cambiarse a sí misma, ni tampoco los políticos pueden hacerlo ¿Quién pues? Y la respuesta es: los intelectuales, sean estos propios o ajenos, contemporáneos o clásicos, nacionales o extranjeros, muy conocidos o desconocidos en absoluto. Nuestra manera de pensar (que creemos tan "nuestra") tanto individual como colectiva, la debemos (lo sepamos o no) a ellos, los intelectuales.

Aquí hay varios mitos a despejar: muchos creen que la *intelectualidad* es sinónimo de *sabiduría* lo que es un gravísimo error, porque intelectualidad y sabiduría pueden ir juntas como separadas. Otra ficción semejante es el de confundir *intelectualidad* con *verdad* lo que tampoco es necesariamente coincidente. Y un error harto difundido es el de embrollar intelectualidad con política. Quizás este es el más grave de todos los mitos sociales ampliamente extendidos: creer que un *político* es un *intelectual*. Poco más o menos podríamos decir que es su más exacto antónimo.

Pero en Argentina -a la hora de votar- a casi ningún elector parece importarle el nivel intelectual del candidato. Más bien, la historia ha demostrado que cuanto más bajo es ese nivel intelectual del candidato, más probabilidad tiene de ganar las alecciones. Esto por poco ha sido invariable en la historia política del país.

En Argentina no se elige a un presidente o gobernador por lo que este tiene dentro de la cabeza sino por lo que tiene fuera de ella, es decir, por su exterior y no por su interior. Son factores decisivos para su voto positivo o negativo: su cabello, sus expresiones faciales, modos, gestos y -finalmente- por lo que dice. Lo que hizo en el pasado o hace en el presente es algo completamente secundario y está en las escalas inferiores de las valoraciones por las cuales se decide su voto o se le niega el mismo. El resultado de estas últimas elecciones vuelve a probar la realidad de esta tesis.

Es un país poco serio el que elige sus candidatos por las simpatías o antipatías que les despierten o por sus estilos de expresión. Igual que las promesas de campaña, que es la materia prima sobre la cual trabaja todo aquel que quiere ser político o mantenerse dentro de la política. Eso es lo superficial, la cáscara, lo que -en definitiva- les importa a los argentinos promedio. Y lo que cuenta para este votante medio es la banalidad, lo trivial, lo externo. Muestra de ello es el bochornoso espectáculo armado por el gobierno entrante en la Plaza de Mayo, expresión del mal gusto, la grosería y la puerilidad que tanto agrada y atrae al peronista, pero también al no-peronista, aunque en grado menor.

Este es un análisis que excede el nombre puntual de los personajes, ya que se trata de algo inmutable que se repite a lo largo de la historia argentina a partir de la década del 30 del siglo XX. Los personajes políticos cambian, mientras la historia se reitera una y mil veces en lo grande y en lo pequeño.

Los cargos públicos de todos los niveles son ocupados por gente con cada vez mayor incapacidad para desempeñarlos. Y la falta de *idoneidad* para ello no sólo es de origen sino también de ejercicio, lo que queda plasmado -en la práctica- en los siempre negativos resultados obtenidos. La idoneidad de la que habla la Constitución de la Nación Argentina ha sido reemplazada por la mera afiliación partidaria o la adhesión incondicional al líder de turno. Con tales parámetros ningún país puede salir del pozo como en el que se encuentra la Argentina.

Otra visión de la crisis

Una explicación más a la crisis argentina es la gran cantidad de personas incapacitadas que ocupan puestos de trabajo, tanto en la función pública como en la privada. Este análisis microeconómico rara vez se encuentra en los textos y notas que ocupan los comentarios periodísticos. Las redes sociales son -a veces- una buena fuente de los mismos, pero la experiencia cotidiana también lo demuestra. La mediocridad de este mercado laboral es cada vez más notoria.

Son muchos los índices que lo manifiestan. Por ejemplo, las consultas que no son respondidas o lo son extemporáneamente, generalmente traen como respuestas por parte del funcionario o empleado particular cuestiones o materias que no fueron objeto de la consulta.

La falta de capacidad de empleados y funcionarios para contestar a temas simples no sólo es patente, sino que también contribuye al dispendio de tiempo y recursos, lo que obstruye la oportuna resolución de problemas y -al fin y al cabo- la productividad de la economía. En mi trabajo, lo veo y experimento a diario. Tengo experiencia de primera mano en lo que expongo.

Es manifiesto que los procesos de selección de personal o bien no existen o son hartos flexibles, o -quizás- empresas y reparticiones públicas no tienen más remedio que tomar gente que ya viene descalificada desde la escuela y la universidad.

La comunicación por escrito es -prácticamente- un problema mayor aun, por la verdadera ausencia de comprensión de textos por parte de empleados y funcionarios, en tanto el "intercambio" oral resulta un verdadero "diálogo de sordos", que obliga a la redacción de la consulta, repitiéndose el ciclo, con lo que todo el circuito se convierte en un círculo vicioso.

No hace mucho, cuando un empleado llano no podía resolver una inquietud del cliente o del usuario de un servicio, la cuestión normalmente se solucionaba por medio de un jefe, supervisor, o del gerente del área. Hoy en día, ya ni siquiera en estos niveles se encuentran respuestas útiles, coherentes y mucho menos inteligentes. Uno se pregunta cómo es que personas como esas pueden estar ocupando cargos jerárquicos y de responsabilidad. Y ni imaginar que podría estar sucediendo en escalas superiores, ya sean directores regionales o presidentes de empresas. La chatura circundante es descomunal.

Deviene evidente que -en cada vez más ámbitos- los niveles de exigencia de selección y de posterior gestión han caído de manera estrepitosa, tanto en el campo laboral como educativo. Se vive una apariencia de "ilustración" cuando, en realidad, lo que se observa es *deseducación*. Los pocos esfuerzos por elevar el nivel son -en la mayoría de los casos- vanos a juzgar por las consecuencias.

Hace pocos años atrás, mis nuevos colaboradores en la oficina entendían la tarea a realizar con la primera explicación. Raramente hacía falta una segunda. Al día de hoy, los nuevos colaboradores contratados necesitan que exactamente la misma tarea les sea explicada hasta tres o más veces para "poder" -al fin y a duras penas- "comprenderla". Y, aun así, después de que "parecieron" asimilarla, cometen y repiten los mismos errores más de tres o cuatro veces, lo cual revela severos defectos de atención y de retención. Y no hablamos, por cierto, de labores en absoluto complejas, sino de las más sencillas y elementales que se les asignan justamente por iniciarse en la actividad. Ni que decir cuando tengo que adjudicarles otra de alguna mayor o efectiva complejidad.

Esta es otra visión y explicación de la crisis que vivimos. Revela un descalabro educacional que deviene en otro laboral y, por último, desemboca en uno económico, ya que el sistema funciona como una cadena de transmisión, que produce un "efecto dominó" que va de lo micro a lo macro.

Por supuesto que, el origen de todo lo anterior es la educación, como tantas veces hemos insistido, pero no solamente aludimos a la educación *formal*, sino también a la *informal* donde el entorno familiar tiene que ver mucho en este movimiento declinante. Hace mucho que, en el seno de la mayoría de las familias no se educa, sino que se deseduca. El rol de la familia en la educación puede decirse que, hoy por hoy, es nulo, pero -en cambio- inmenso en el mecanismo de deseducación. Basta la indiferencia en cuanto a los contenidos que los alumnos reciben en la escuela para que la corriente des educativa se inicie y prosiga.

El pobre nivel de actividad general se debe -en buena parte- a la falta de preparación de la gente que trabaja, ya sea en el sector privado como en el estatal. Una baja calificación educativa conlleva otra menor en el campo laboral, esto impide que las remuneraciones sean elevadas, y expulsa directamente del mercado laboral a los que menos habilidades pueden exhibir, lo que añade otro elemento perturbador al mercado del trabajo ya maltrecho por las numerosas leyes laborales que, en lugar de "proteger" al trabajador lo desamparan perjudicándolo, ya que -entre otras negatividades- lo desmotivan para perfeccionarse.

Tiempo atrás solía hablarse de "talentos" para referirse al personal contratado. Hoy en día dicha palabra deviene casi vacía de contenido y obsoleta, porque si hay algo difícil de encontrar en el mercado laboral argentino son verdaderos "talentos". Basta conformarse con que alguien pueda -a duras penas- desempeñar tareas básicas.

"Profesionales" egresados que carecen de las competencias mínimas para las cuales se supone que deberían estar calificados tornan inexplicable cómo los mismos pudieron haber recibido un título universitario, cuestión que se torna día a día más palpable en el campo en el cual me desempeño. Y en otros ajenos al mío también.

Si se instala una "cultura" por la cual el mérito no vale nada y se retribuye por igual la indolencia que el esfuerzo, el efecto natural de esta anomalía será un vuelco masivo de la sociedad hacia la apatía y su consiguiente rechazo a cualquier tipo de iniciativa por mínima que sea. Y esto se observa claramente en la sociedad argentina de nuestros días, lo que no es por cierto un fenómeno nuevo, sino que la explanación a la actual debacle que sufre tal sociedad.

Revertir esto no es tarea de un gobierno, ni de muchos, sino que es algo más de fondo. No es un problema meramente coyuntural.

Peronismo

Peronismo y mayorías

Un típico mito político argentino tiene como asumido que el peronismo seria la fuerza política "mayoritaria" del país. Trataré de explicar porque no se trata más que de una ficción.

En cada comicios electoral, estadísticamente un tercio de los argentinos vota siempre al peronismo, otro tercio no lo vota nunca, y el tercio restante lo vota la misma cantidad de veces en que no lo hace.

Esto significa que literalmente el peronismo -en votos- representa sólo un tercio del total de la población en condiciones de votar.

Cuando me refiero al peronismo, lo hago en su más amplio espectro y las distintas variantes en las que se ha presentado en el mercado electoral argentino, que incluye lo que prefiero llamar el *peronismo de Perón* (a veces denominado "peronismo histórico", "fundacional" o de "la primera hora", y que yo abrevio como PP); el *peronismo de Menem* (que designo como "peronismo M" o brevemente PM) y el *peronismo de los Kirchner* (que diferencio como "peronismo K", y abrevio como PK). Con todas sus variantes y en todas sus diferentes facetas: PP + PM + PK = P. Por eso, cuando aludo simplemente al peronismo (P) el lector deberá estar alerta en cuanto a que apunto a los tres (PP-PM-PK) salvo que haga los debidos contrastes para cada uno de ellos por alguna cuestión en particular.

Todos los gobiernos peronistas han tenido un común denominador: la **corrupción**, variando el grado de ella.

Supongamos la siguiente escala de corrupción, y la ubicación de los diferentes "peronismos" dentro de ella

MUY ALTA	PK
ALTA	PP
SEMI-ALTA	PM
MEDIA	---
SEMI-MEDIA	---
BAJA	---
MUY BAJA	---

El peronismo -también en cualquiera de sus tres expresiones- ha sido (y sigue siendo) un **populismo**. Asimismo, como en el caso de la corrupción (y como todo) el populismo admite grados, lo que nos permite intentar un cuadro similar al anterior, pero esta vez de **populismo**:

MUY ALTO	PK
ALTO	PP
SEMI-ALTO	PM
MEDIO	---
SEMI-MEDIO	---

BAJO	---
MUY BAJO	---

Otra característica del peronismo es su **estatismo**. En su graduación, aquí notamos algunas variantes, las que reflejamos en la siguiente escala:

MUY ALTO	PP
ALTO	PK
SEMI-ALTO	---
MEDIO	PM
SEMI-MEDIO	---
BAJO	---
MUY BAJO	---

Podríamos seguir analizando otras características de este "movimiento" (como gustan llamarlo sus seguidores), pero haría sumamente extenso lo que pretende ser un breve análisis.

No vamos ahora a explayarnos sobre que queremos significar con las palabras *corrupción, populismo, estatismo,* etc. porque hemos dedicado muchísimos trabajos a estos temas que sería muy espacioso reproducir aquí.

Estas características, simplemente delineadas, no han sido -por supuesto- exclusivas del peronismo, sino que las ha compartido con otros gobiernos que alternaron en el poder, tanto civiles como militares y, supuestamente, antiperonistas. Pero, sin duda, el peronismo ha llevado al paroxismo (en las graduaciones sugeridas) los rasgos más negativos de la política argentina en su conjunto.

Ahora bien, a pesar de todo lo anterior, el peronismo ha gobernado el país por dilatados periodos. Desde su aparición en 1945 y hasta el presente posee, evidentemente, el historial de gobiernos más largos en el tiempo. Si, como sostengo, nunca ha sido mayoría ¿cómo pudo haberlo logrado?

Primero veamos como distribuyen sus votos los peronistas (P) los no peronistas (NP) y los antiperonistas (AP):

P	**VOTA SIEMPRE**	P
NP	**VOTA**	P o NP o AP
AP	**NUNCA VOTA**	P
AP	**VOTA**	AP o NP

Como observamos, la mayor flexibilidad electoral -a la hora de depositar sus sufragios- son los NP. Por ende, son los que definen toda elección a favor o en contra de los candidatos P, NP o AP.

Lo que ha determinado las elecciones en las que históricamente el peronismo se alzó con el triunfo fue ese tercio no peronista (NP) ni antiperonista (AP) que mencioné antes. Los que -alternativamente- en cada elección, votan al peronismo o a alguna otra fuerza o partido no peronista o antiperonista. ¿Cómo es ello posible?

Para responder esta pregunta, la mira debe enfocarse en un estudio más profundo, que contemple la sociología política del argentino medio. En esta línea, puede decirse que el plafón ideológico de este, es la socialdemocracia, lo sepa o no. A muy grandes rasgos, la socialdemocracia postula el intervencionismo estatal, y oscila entre un menor o mayor grado del mismo, conforme a las circunstancias.

El peronismo es un *populismo*, y -como tal- no abraza ninguna ideología precisa, sino que las utiliza y las cambia (o intercambia) en función de que le permitan arribar y conservar el poder político y económico a todo trance. Se ha dicho que la única "ideología" del populismo es este último objetivo.

Esta "plasticidad ideológica" (por llamarla de alguna manera) le permite mutar sin rubor, desde el intervencionismo más extremo hasta el más moderado, pero sin dejar de lado jamás el intervencionismo.

Como el liberalismo es anti-intervencionista, el populismo nunca podría ser (ni lo fue) liberal. Dígase, obviamente, lo mismo del peronismo.

Este -como populismo- ha sabido adaptarse a esas estrategias de conversión, y las ha modelado conforme la idiosincrasia del argentino medio quien, a sus espaldas, carga con una larga historia de caudillismo y personalismo que forman parte esencialísima de todo populismo y -por consiguiente- igualmente del peronismo.

Esa absoluta falta de compromiso ideológico, siempre le facilitó ofrecer un discurso acorde a aquello que sus oyentes circunstanciales deseaban oír, lo que le ha posibilitado alzarse con la victoria en muchas contiendas electorales, zanjadas por ese tercio de ciudadanos no-peronistas (NP) quien -en sentido inverso- le ha infringido, asimismo, sendas derrotas cuando esa fracción ciudadana creyó que había llegado el momento de menos estatismo en el gobierno.

Sin embargo, un menor estatismo nunca es primera prioridad para un electorado que comparte -en más o menos- el sistema estatista, como es el argentino. Las derrotas del P, desde la primera en 1983 hasta la fecha, no representaron (ni quisieron serlo) derrotas del estatismo, sino que trataron de ser derrotas a la corrupción.

Sucede que al argentino promedio le cuesta muchísimo reconocer que el intervencionismo estatal lleva necesariamente a la corrupción, y que esta es no otra cosa que un simple efecto de aquel.

Este esbozo, naturalmente, no agota el examen del peronismo. Y será sumamente extraño que un peronista este de acuerdo con el mismo (algo que, dicho sea de paso, no lo espero). Pretendo aquí -simplemente- dar mi visión personal sintética de este peculiar fenómeno político argentino.

El "secreto" del peronismo para perdurar

¿Cuál ha sido el "secreto" del peronismo para mantenerse vigente desde su temprana fundación en 1945? La respuesta sugiere que se ha debido a distintos factores de orden filosófico, político y económico que influyeron sobre su líder Juan Domingo Perón.

En cuanto a su aspecto filosófico:

"La presencia de Perón en Italia, que coincidió con el advenimiento del Fascismo, fue decisiva para su evolución política. El Peronismo no es más que la traducción vernácula del fascismo italiano, sólo que Perón no habla de "Resurgimiento". Habla de una categoría parecida: "Evolución"."[108]

El peronismo, que como bien indica el autor citado, consiste en la versión criolla del fascismo italiano, no es sino una variante más del populismo. El peronismo filosóficamente se ha definido:

"Como un praxismo que anuló la categoría de Revolución propuesta por Gramsci. El Peronismo es un mundo sin valores donde lo que importa es el poder acumulado. Y a esto, los peronistas lo saben muy bien, porque tienen un olfato especial para el poder."[109]

Dado que se trata precisamente de "un mundo sin valores" es que los peronistas son hábiles oportunistas para llenar ese vacío de valores con aquellos que sean más convenientes para lograr su objetivo final: hacerse del poder total por la mayor cantidad de tiempo posible. Por eso, necesariamente ha de ser demagógico. La adulación a las masas por medio de un líder que supuestamente estaría "representando" los "intereses" de las "clases populares" es un elemento esencial en la "lógica" populista y, por consiguiente –desde luego- peronista.

---

[108] Entrevista de Iván Wielikosielek a Daniel Lasa, especialista en Filosofía Política. Publicada en EL REGIONAL http://www.elregionalvm.com.ar/?cat=11

[109] Entrevista a Daniel Lasa...cit. supra ídem.

"- ¿Por qué el peronismo no asumió la categoría de Revolución?

-Porque fue conservador al estilo del "actualismo" de Gentile. Pero a mi juicio, así como Gramsci fue "más actualista que Gentile", los Montoneros fueron más peronistas que Perón al pensar en la categoría "Revolución" y no en "Evolución". Hace poco, me encontré con un viejo texto de Firmenich que me dio la razón. Decía "nosotros los Montoneros somos más peronistas que el propio Perón"."[110]

Los Montoneros pretendían llevar la doctrina asumida por Perón hasta sus últimas consecuencias lógicas: la realización de la revolución marxista, disfrazada bajo las consignas de "nacional y popular". Esa revolución incluía -desde luego- la insurrección armada y la toma del poder por medios violentos. Prueba de ello consiste en la gran cantidad de secuestros extorsivos y crímenes cometidos por la mencionada banda, que ejecutaba sus tropelías en nombre del "movimiento". Es interesante señalar que -más tarde en el tiempo- el matrimonio Kirchner se adjudicó la misma consigna, a la vez que reivindicaron la lucha armada por los criminales Montoneros a quienes rebautizaron como "jóvenes idealistas", con lo que pretendieron "purificar" a los que no fueron más que feroces asesinos.

"- ¿Firmenich le daba la razón a Gramsci?

-Totalmente. Y esa es mi tesis. Además, ese fascismo llamado Peronismo ¿qué ética ha generado en el país? La de un praxismo donde lo que importa es la acción para la acción que equivale a poder. Lo fundamental en el peronismo es el mantenimiento y la conquista del poder. Por eso se entiende que sea peronista un Perón, un Menem o un Kirchner. Todos diferentes pero todos unidos en esta lógica."[111]

Profundamente cierta la anterior afirmación. Pero faltaría agregar que la estrategia del peronismo en sus planes permanentes de tomar el poder total y absoluto consiste en la elaboración de un

---

[110] Entrevista a Daniel Lasa...cit. supra ídem,

[111] Entrevista a Daniel Lasa...cit. supra ídem.

discurso demagógico por el cual se intenta convencer a una masa de ignorantes que ese poder -en realidad- se arrebata para serle "devuelto" al pueblo cuando lo real es que sucede a la inversa: el peronismo despoja el poder para -en definitiva- consumar quitarle ese poder al pueblo en forma absoluta. Durante la dictadura de los Kirchner, ese discurso hipócrita y demagógico recibió el nombre de "El relato" por la permanente distorsión y falseamiento de la realidad por parte de la tenebrosa pareja gobernante. Esto refuta a quienes pretenden desconocer que Menem y Kirchner fueron peronistas:

"- ¿Por qué?

-Porque en el momento de Menem convenía sostener la bandera de lo liberal, pero en la época actual conviene otro discurso. Y mañana vendrá otro peronista que reniegue de Kirchner. En la fiesta del primero de mayo, había peronistas que fueron ultramenemistas y que estaban aplaudiendo *"el fin de la década infame del '90"* …Daba risa…"[112]

Cabe poner de relieve que la entrevista que nos encontramos comentando le fue realizada al entrevistado en el año 2012, cuando aún gobernaba la mujer de Kirchner y abrigaba pretensiones de perpetuarse en forma indefinida en el poder, al extremo de llegar a decir en una transmisión publica por la cadena nacional de radiodifusión y televisión que sólo se le debía temer a Dios y a ella misma (lo que denota con notoria claridad la enfermiza obsesión del imperio absoluto y completo. La estrategia del peronismo para perdurar consiste, pues, en **negar** que sus candidatos (ante sus fracasados gobiernos) hayan sido peronistas. Este artilugio ha servido para confundir a ignorantes e incautos que creyeron -y siguen creyendo- que Menem y los Kirchner no habrían sido peronistas. Esta negación de muchos (quizás una mayoría, incluyendo a muchos antiperonistas)) sirve plenamente a los fines del peronismo en su objetivo de lograr el poder hegemónico a perpetuidad.

"-Sobre el Kirchnerismo

-Este gobierno, ideológicamente, está cerca de los Montoneros. O sea que lo lógico sería que aplicara la categoría de "Revolución" a ultranza. Pero por cierto que no lo hace, ya que la mayoría de estos "ex revolucionarios" han devenido en burgueses; es decir, se han acomodado a la situación vigente. Del ideal que tenían en los ′70 habrán aplicado el uno por ciento. Además, el matrimonio gobernante tenía una fortuna ¿qué revolución van a hacer entonces?"[113]

Recordemos que a la fecha de la entrevista citada gobernaban los Kirchner. Por supuesto que el poder no es perseguido por el poder mismo, sino -fundamentalmente- porque el poder político es el puente más breve, cómodo y sencillo para obtener el poder económico a través de los instrumentos que otorga el gobierno a cualquiera que lo ocupe. Y esta siempre fue la meta del peronismo desde la época de su fundación por el tristemente célebre Juan Perón hasta nuestros días.

Peronismo y elecciones

Las masivas marchas en apoyo al presidente Macri llaman la atención sobre la altísima probabilidad de la existencia de un fraude fenomenal en las últimas elecciones celebradas en Argentina denominadas por sus siglas PASO (Primarias Abiertas, Simultaneas y Obligatorias). El fraude electoral no es nuevo en este país, salvo raras ocasiones se ha venido practicando en distintos grados desde el mismo comienzo de la vida electoral argentina. Sin embargo, no debe creerse tampoco que el fraude explica totalmente el resultado adverso del oficialismo en aquellas elecciones que no tienen vinculación legal alguna con el resultado que arrojen las votaciones definitivas próximas.

Hemos insistido desde antes que las fuerzas en pugna -ahora "Juntos por el Cambio" (Macri) y el "Frente de Todos" (Fernández)- representan en su conjunto el pensar político de la población en su más amplio espectro.

---

[113] Entrevista a Daniel Lasa...cit. supra ídem

Política, burocracia y economía

Hemos expuesto en ocasiones anteriores que -a nuestro juicio- la sociedad argentina se divide políticamente en tres extensos sectores que denominamos "P" (peronistas), "AP" (antiperonistas) y "NP" (no peronistas). Es decir, el eje de pensamiento político argentino depende (en buena medida) de cuál sea la posición del elector frente a este desgraciado fenómeno que se ha dado en llamar *peronismo* en Argentina.

Sostuve también en aquella ocasión que, estos -a grandes rasgos- tres sectores conformaban (cada uno de ellos) aproximadamente un tercio del electorado total. También dedicamos muchos trabajos a explicar que el peronismo (P) es ideológicamente autoritario y con tendencias totalitarias para lo cual, le es indiferente adoptar políticas "de izquierda" o "de derecha", si es que se quieren entender estos inapropiados términos como socialistas o nazis fascistas. Dado que pensamos y estamos convencidos que el nazi fascismo no es más que un producto del socialismo, para nosotros es fútil hablar de "izquierdas" o "derechas", porque -en última instancia- no se está aludiendo sino de la misma cosa.

El tercio NP que es el más hibrido -nos parece- ideológicamente de los dos restantes, es el que define todas, absolutamente todas, las elecciones políticas. Dentro de este grupo encontramos a los famosos "indecisos", gente que dice que no profesa "ninguna" ideología política ni partidaria, ni sigue a ningún candidato en particular: son los que pueden tanto votar en blanco, no votar, abstenerse, como votar hoy a un peronista y mañana a un antiperonista si las circunstancias (según su particular punto de vista) lo justifica. En este grupo están los que presumen de ser "hombres prácticos" o pragmáticos, y manejarse conforme a los dictados de la coyuntura del momento. Pero aquí también se albergan socialistas y nacionalistas (tanto de los de extrema izquierda como de extrema derecha, según la nomenclatura típica en la jerga periodística) que -para su gusto- el peronismo representa un movimiento "moderado" a la par que ven a los AP como "fascistas".

Este es, por consiguiente, el grupo electoralmente tanto más peligroso como el más beneficioso de los tres, no sólo por su heterogeneidad sino por cuanto -en el primer caso- son los que, por negligencia, ignorancia, fanatismo, odio, temor, o cualquier otro motivo por el estilo pueden darle la victoria a un sector como el peronismo que nació de un golpe de estado y utilizó métodos similares a los de Hitler para alzarse con el poder, sobre todo conforme enseña la historia de los dos primeros gobiernos de Juan D. Perón.

En el segundo caso, dado que también forman parte de este conjunto elementos no radicalizados sino "neutros" (si es posible tal cosa, lo que dificultamos) en materia de posturas políticas (a sí mismos se llaman "moderados" o también "apolíticos", "apartidarios", etc.) pueden votar candidatos AP tanto como NP, y aun P si fuera necesario según ellos.

El tercio NP se puede aún dividir en dos: en el que "tiene las ideas prendidas con alfileres" como se dice en la jerga habitual, por un lado, y minorías exacerbadas como las extremas izquierdas y derechas, por el otro. En tanto, los AP tienen perfectamente en claro que el peronismo es un movimiento autoritario y pro-totalitario. Pero, atención, entre estos últimos también podrían existir individuos que prefieran dictaturas de otro tipo.

Fueron circunstancias puramente históricas -ajenas a la voluntad del peronismo- las que determinaron que este no se convirtiera en un régimen idéntico al de Hitler y Mussolini.

Hoy, el candidato peronista Alberto Fernández y su compañera de fórmula tienen (y han demostrado en el pasado) un discurso por completo favorable a los regímenes más autocráticos que existen en el mundo, como son los de Cuba, Venezuela en América, Irán y demás países del Medio Oriente que cobijan grupos terroristas con gran peso en el poder político de sus naciones, o bien gobiernos dictatoriales de distinto signo (inclusive religioso). Pero no nos cabe ninguna duda que, si hoy en día existieran todavía países con gobiernos nazis o fascistas como los habidos en el siglo XX, adherirían con gran beneplácito a los mismos y los mostrarían como modelos a seguir.

El ejemplo más alarmante actual en América lo tenemos en Venezuela donde impera una tiranía militar comunista con pretensiones de pseudodemocracia por la sola circunstancia de haber accedido al poder a través de elecciones por completo fraudulentas. Pero aun así las elecciones venezolanas hubieran sido legitimas nada justifica que un gobierno elegido en votaciones limpias se transforme -más tarde o más temprano- en una dictadura, como lo es la imperante en Venezuela.

Evidentemente, este sería el destino que la espera al Argentina de resultar victorioso el mal llamado "Frente de Todos" que no es más que el frente de algunos, es decir de los que tal conocemos y que durante una larga década sometieron al país a una de las dictaduras más solapadas, pero no menos destructiva que las dictaduras que formalmente se declaran y se reconocen como tales.

En lo económico está más que demostrado, tanto por la teoría como la práctica, que regímenes como el peronista -en cualquiera de sus versiones (extremas o edulcoradas)- generan pobreza y miseria por doquier, lo cual es una consecuencia lógica de un sistema económico dirigista y centralizado por y en el aparato estatal como es el que ha caracterizado a todos los gobiernos peronistas a nivel nacional y provincial.

Inmadurez política

En un nuevo año electoral, luego de una destrucción sistémica económica y política de la Argentina en manos de esa secta terrible que se llama *peronismo*, se sigue hablando todavía de la posibilidad de un retorno de la misma al gobierno. Mucho he escrito sobre la tragedia que significó para el país dicha secta tremebunda, en especial en su última versión protagonizada por el nefasto matrimonio Kirchner.

Por primera vez en muchos años se los desalojó democráticamente del poder ejecutivo, pese a que continúan insertos en los dos poderes restantes (legislativo y judicial) y prosiguen instalados y manejando los medios masivos de difusión en una medida para nada despreciable a través de pseudo-"periodistas" adictos. Infiltrados, además, en todos los sectores sociales.

Pero lo más triste de todo es la contracultura creada por Perón y que se enraizó en buena parte del electorado argentino. La contracultura de naturalizar la corrupción, el robo, el vivir de la dádiva que el estado-nación regala generosamente a quien nada trabajó, aportó, ni produjo, ni desea hacerlo tampoco. Porque se le ha enseñado que "la sociedad" (es decir, los que trabajan y producen) les "deben todo". Y que eso representa para el recipiendario un "derecho". Esta falacia ha calado hondo en el espíritu de muchos argentinos.

Semejante mentalidad, que comparten socialdemócratas y populistas, que no son más que dos extremos de un mismo espectro, y que encuentra su matriz en el socialismo utópico primero y continúa históricamente con el marxismo, es la que conforma el sustrato cultural argentino, y de allí sus derivados en las áreas de política y economía.

El gobierno de *Cambiemos* (una socialdemocracia de tipo desarrollista) quiso conciliar su accionar político con el populismo legado por sus antecesores peronistas, esta vez en su versión K. Pero, como ya explicamos, si el desarrollismo es inviable en el largo plazo, el populismo lo es en el mediano. Y si se los combina, se trata de un coctel fatal.

Quienes amamos las instituciones y defendemos la república no podemos menos que estar preocupados por el rumbo al que conducen al país esas ideologías trasnochadas (nos referimos ahora a la socialdemocracia y al populismo) ensayadas una y mil veces, no sólo en la historia argentina sino mundial.

En lo económico, el común denominador (como expusimos tantas veces) es el intervencionismo estatal en todos los campos posibles. Según la concepción desarrollista del gobierno de *Cambiemos* orientado, precisamente, al desarrollo integral del país, sobre todo en materia de obras públicas, de infraestructura industrial, vial y habitacional preferentemente. Para el populismo, en cambio, la injerencia estatal debe dirigirse hacia otros objetivos, esta vez puramente asistencialistas, ya que detrás de esa mecánica se esconden intenciones exclusivamente electivas, habida cuenta que el populismo está encauzado por una *lógica del poder* por el poder mismo, lo que le lleva a conquistar -con los instrumentos que fueren necesarios ("el fin justifica los medios")- una clientela electoral cautiva, es decir, un clientelismo que sólo puede lograrse ganando el favor y el voto de los más necesitados a quienes las dádivas populistas están destinadas, y a quienes se trata de convencer que gozan de un "derecho" sobre el fruto del trabajo ajeno.

Subyace, pues, en todo este entramado ideológico, la teoría de la explotación marxista, que dice que los pobres son pobres por culpa de los ricos, falsedad que -desde que Montaigne en el siglo XV la formulara filosóficamente- fue aceptada casi sin discusión por todas las generaciones posteriores en prácticamente todas partes del mundo. Esta idea es la que se oculta en el inconsciente colectivo, si es que puede hablarse de tal cosa.

El poco o nulo nivel del debate público (que puede constatarse diaria y fácilmente tanto en la TV, radio, como internet) es otra muestra más de inmadurez cívica, ya sea por su superfluidad como por la trivialidad de los "conceptos" y "análisis" (si es que pueden recibir estas denominaciones tan calificadas para los que se ven, leen o escuchan) que se exponen por parte de los actores políticos (en realidad más *actores* que verdaderos "políticos"), panelistas de baja monta y opinólogos baratos.

Dado el cuadro de situación actual, todo parece indicar que la próxima contienda electoral será una confrontación entre más populismo o menos populismo. Si se elige por populismo con desarrollismo, la opción será la continuidad de *Cambiemos*, si es, por el contrario, o sea populismo puro y duro, implicará una vuelta al peronismo, con las terroríficas consecuencias que ya conocemos, y que una mirada retrospectiva histórica (remota y reciente) nos podrá demostrar fácilmente a quien lo haga.

Que Argentina en esta época tenga que debatirse entre cual versión de populismo sería la "mejor" sin contemplar ninguna otra alternativa diferente a esa, indica -a mi modo de ver- el tremendo grado de inmadurez política del electorado, tanto potencial como real.

Pero en el momento actual, tal dilema es insoslayable, porque el votante no observa ninguna otra disyuntiva más que la señalada.

Y, habida cuenta que todo político no es más que un producto de la sociedad en donde este emerge, si la demanda electoral es por populismo, la oferta responderá con más populismo. Simple. Caso contrario, no se ganan las elecciones.

En los países maduros políticamente no se estaría discutiendo en los mismos términos que se lo hace en la Argentina. Y no sólo políticamente, sino también económicamente. Es cierto que el populismo existe a nivel mundial, pero las versiones más fascistas del populismo -como lo es el peronismo- no tienen cabida real en ningún sistema político actual del orbe.

Y esto va más allá de la figura del candidato, porque lo que en definitiva importa, es el sustrato ideológico que (sea quien sea lo porte) va a determinar las acciones políticas precisas a imponer.

En realidad, la reversión de la transformación contracultural que significó el peronismo para desgracia de la Argentina es algo que parece que va a llevar mucho tiempo, y que necesite quizás (esperemos que no) de algún suceso traumático.

Por lo pronto, el escenario inmediato que tenemos por delante no ofrecerá demasiadas sorpresas: tendremos más o menos populismo conforme al signo político que resulte triunfante.

El peronismo y el fascismo

Política, burocracia y economía

El peronismo es la fuerza política que, desde su fundación en 1945 hasta la fecha, gobernó más veces la República Argentina. Fue la única que tuvo el mérito de captar y usufructuar en su favor una característica que se encuentra presente en la mayor parte de los argentinos. Esto es, una inclinación y tendencia hacia la ideología *fascista.* El *fascismo,* surgido en Italia unas décadas antes de la aparición de Juan Domingo Perón en la escena política, prendió rápidamente en tierra argentina, precisamente de la mano de este último, quien fuera un confeso cultor y admirador del *Duce* Benito Mussolini, de quien se propuso ser su emulador vernáculo, objetivo que, de cierto modo, logró.

Pero, el surgimiento de Perón como importador del fascismo italiano a la Argentina no fue -en modo alguno- un hecho aislado. Militares y políticos, hacia la década del 30 del siglo XX ya simpatizaban con el ideario *fascista.* Y comenzaron a estructurar y emitir leyes que le daban forma y contenido en muchas áreas y disciplinas, tanto políticas como económicas.

En 1930 comenzaron los golpes de estado en Argentina con el del general Uriburu a la cabeza, un fascista precoz que no llegó (por causas ajenas a su voluntad) a desplegar todo su potencial fascista. De ello se encargó el coronel Perón, quien llega al poder de la mano de otro golpe (1943) dado por otro grupo de militares -encabezado por el general Edelmiro J. Farrel-, integrantes del autodenominado G.O.U. (siglas del Grupo de Oficiales Unidos) con la caída del entonces presidente constitucional Ramon S. Castillo por parte de este grupo militar.

Se continúa y afianza una modalidad de asalto al poder que se consolidará en los decenios posteriores, pero, y esto es para mí lo más importante: se constituye y apuntala -al punto de arraigarse hasta el presente- una forma de pensar y de actuar.

Se legitima un **modo de ser** que enraizará en la población, y que podemos denominar el "ser fascista". Es en este punto histórico, donde creo que se pierde la democracia o el "ser demócrata" para dar lugar al fascismo o el "ser fascista". Y esta triste transformación perdura hasta nuestros días, incluyendo el momento en que escribo estas líneas.

Y si bien, en las formas y en su Constitución **escrita**, la Argentina sigue siendo una "democracia", en su otra *constitución*, la que yo llamo su *constitución* interna (en el más literal sentido de la palabra), es decir, su *estructura* constitucional, el argentino promedio es un fascista no asumido como tal, negador de su condición fascista.

Esto explica -a su turno- también a mi modo de ver, los repetidos éxitos electorales del peronismo, ya sea en su versión fundadora (primero, segundo y tercer gobierno de J. D. Perón) como en sus posteriores derivaciones (Menem y los Kirchner). Estas adaptaciones variaron entre sí, pero el vínculo común y constante entre ellas, fue el fascismo que, tanto Perón como Menem y los Kirchner practicaron en distintos grados (el fundador se destacó como un extraordinario fascista, y el matrimonio Kirchner estuvo muy cerca de igualar a su líder. Entre ellos, Menem se mostró como un aprendiz de fascista y -hasta un cierto punto- logró pasar desapercibido como tal.

Sn duda, Perón no superó a Mussolini y las circunstancias históricas y de lugar determinaron que las experiencias fascistas argentinas fueran de una dimensión mucho menos significativas que en Italia. El peronismo en conjunto es un partido que tiende al fascismo como meta ideal, pero que no ha llegado a su total consumación por la señalada circunstancia coyuntural.

Para entender algo más de lo que hablamos, será de mucho interés recordar la excelente definición de *fascismo* que nos brinda el diccionario de economía:

fascismo.[114] *Movimiento político de gran importancia entre las dos grandes Guerras Mundiales que surgió en Italia, en*

---

[114] Carlos SABINO; *Diccionario de Economía y Finanzas.* Contiene léxico inglés-español y traducción de los términos al inglés. Consultores: Emeterio Gómez; Fernando Salas Falcón; Ramón V. Melinkoff. CEDICE. Editorial Panapo. Caracas. Venezuela.

1922, bajo el liderazgo de Benito Mussolini. El fascismo se caracterizó por su oposición a la democracia liberal y al comunismo, por su nacionalismo, su culto a la violencia y su actitud proclive al colonialismo y al racismo. Surgido inicialmente como un movimiento de masas sin una definición ideológica muy precisa, aunque siempre opuesto a la agitación sindical y socialista, el fascismo, en Italia y en otras naciones, fue adquiriendo luego perfiles más claros y más amenazantes.

En la adaptación que Perón hizo de esto en la Argentina, estructuró su poder buscando y obteniendo el apoyo sindical. Como el modelo italiano, también rechazó la democracia liberal y el comunismo pretendiendo ser la "Tercera posición" respecto de ambos "extremos" según su entender. Pero no se mostró proclive ni al colonialismo ni al racismo al menos de manera ostensible. Insistíamos que la aceptación de sus ideas no hubiera sido posible si no hubiera existido un previo sustrato cultural favorable a las mismas, que naturalmente J, D. Perón contribuyó a reforzar y a propagar. Lo que diferencia al socialismo del fascismo es -al fin de cuentas- la necesidad en este ultimo de un líder carismático, un jefe definido y perfectamente identificable, un conductor. Estos elementos comunes se dieron tanto en Italia con Mussolini como en Argentina con Perón. En lo demás -y sobre todo en lo económico- el fascismo no es más que otra vía para llegar al socialismo (sépanlo los fascistas o no).

No luce muy coherente -en la definición examinada- aludir a *su culto a la violencia* por un lado y -por el otro- *aunque siempre opuesto a la agitación sindical y socialista.* En cualquier caso, no está del todo claro cuál es la diferencia que ve el autor en comentario entre violencia y agitación.

Para el fascismo la soberanía del Estado-nación era absoluta y se erigía, por tanto, como una crítica a la libertad individual, siempre mencionada despectivamente como "individualismo", ya se manifestase ésta en el campo del pensamiento, las costumbres o la actividad económica. Su lema "Creer, obedecer, combatir" expresaba no sólo esta subordinación del individuo al líder, concebido como encarnación de la voluntad nacional, sino también el espíritu militarista y el apego a la disciplina que tanto contribuyeran al estallido de la Segunda Guerra Mundial. [115]

Todas estas características estuvieron presentes en el peronismo desde su fundación hasta el presente por desgracia. Construía la negación del individuo y la exaltación al líder como encarnación visible del estado-nación que engañosamente se confundía con una inexistente "voluntad nacional". Debernos insistir en las raíces marxistas del fascismo de donde se deriva ese espíritu militarista que -aunque con otro sentido- se resume en la exclamación "¡Proletarios del mundo uníos!" de K. Marx y F. Engels en su *Manifiesto comunista*. Detrás de esta ideología se escondían las ambiciones personales de los lideres fascistas que con una retórica formidable lograban engatusar a masas ignorantes seducidas por teorías mesiánicas que aseguraban que la redención de los pueblos estaba en manos se hombres providenciales dotados predestinadamente como salvadores de la patria, cuando en verdad no se trataron más que de farsantes que buscaron perpetuarse en el poder para usufructuar de los recursos ajenos con miras a hacer realidad sus proyectos despóticos y delirios de conquista mundial o meramente territorial.

Los gobiernos fascistas fueron, sin excepción, dictaduras unipersonales absolutas que, en algunos casos, llegaron a convertirse en sistemas abiertamente totalitarios, como ocurrió en la Alemania de Hitler. Aparte de las experiencias italiana y alemana deben mencionarse también los regímenes fascistas o filofascistas que se establecieron en Rumania, España, Argentina, Brasil y otras naciones durante los años treinta, en algunos casos con características sin embargo más próximas al populismo. [116]

---

[115] Sabino, C. *ibidem.*

De dictaduras y totalitarismos en su momento dijimos lo siguiente:

"DICTADURA. * Se entiende comúnmente por dictadura la forma de gobierno en que una o varias personas llegan a ejercer el poder político de modo absoluto e irrestricto, sin control ni responsabilidad de ninguna especie". [1]

"Para Ossorio la dictadura "es el gobierno que, invocando el interés público, se ejerce fuera de las leyes constitutivas de un país." Y agrega que: "Los Estados modernos sometidos a un régimen de dictadura son llamados totalitarios, pues el dictador (ya sea unipersonal, ya pluripersonal) asume todos los poderes, quebrantando la armazón constitucional de la nación y eliminando todos los derechos políticos, así como todas las garantías y libertades individuales, especialmente las de opinión, expresión, reunión, sindicación (como no sea dirigida), de conciencia, etc. Asimismo, suprime el hábeas corpus y la acción de amparo o, por lo menos, los coarta. Suprime todos los partidos o sólo admite uno, que es, naturalmente, el del propio dictador. Crea figuras delictivas, por lo general de orden político, muchas veces dándoles efecto retroactivo". [2] El mismo autor, cuando define la tiranía nos dice: "Según afirma Horacio Sanguinetti, "se dice del régimen donde el mando se ejerce arbitrariamente, sin razón, derecho o justicia. "La tiranía tiene siempre un sentido abominable, y desde Platón y Aristóteles ha merecido general execración. Para este último, hay tiranía cuando el poder es despótico y la sola voluntad del gobernante es ley, o bien cuando la monarquía se corrompe y el monarca manda sin responsabilidad a hombres mejores que él y reina no en provecho del pueblo, sino en el suyo propio". Y más adelante: "En general puede decirse que todas las dictaduras modernas tienen bastante de tiránicas y despóticas, pero ha sido en los

---

[110] Sabino, C. *Diccionario*...ibidem,

regímenes totalitarios donde dichas manifestaciones han adquirido mayor volumen, ya que el poder esté detentado por un solo hombre, ya lo esté por un partido político, por un grupo militar o por cualesquiera otras organizaciones". [3]"[117]

Como se advierte lo transcripto arriba encaja a la perfección tanto para los regímenes de Mussolini como el de Perón, su partido y sus sucesores. Continuemos ahora con el Prof. C. Sabino:

El énfasis en lo colectivo en detrimento del individuo hizo que los experimentos fascistas desembocasen normalmente en una u otra forma de corporativismo. Las naciones se organizaron así a través de corporaciones, no personas, que podían ser cámaras de industriales o comerciantes, sindicatos, gremios o cualquier otra institución semejante.

La estrategia consista naturalmente en anular al individuo, neutralizar su poder para transferirlo al jefe del partido. La corporación era la figura ideal para conseguir ese objetivo sin exponer al estado-nación y disimular de dicha manera los objetivos totalitarios perseguidos.

Antes de continuar la exposición será de interés analizar su concepto:

Corporativismo Sistema de organización político-social que tiene como fundamento la agrupación de las personas conforme a la comunidad de sus intereses naturales y sus funciones sociales. Con ese sentido se crearon las corporaciones de oficios (v.), cuya tradición arranca de muchos siglos. Mas la expresada finalidad fue desacreditada por la implantación en Italia del régimen fascista, y, posteriormente, en Alemania con el régimen nazi y en España con el falangismo, ya que tales regímenes totalitarios pretendieron asentar su poder político utilizando las corporaciones profesionales para regir desde el gobierno la vida íntegra del trabajo, suprimiendo toda forma de gobierno democrático. [118]

---

[117] Ver nuestra nota **La dictadura K**

Política, burocracia y economía

La definición nos ilustra sobre las aspiraciones político-sociales de la figura. Ese fue el objetivo de la institución. Las corporaciones de oficios siempre ansiaron el poder político a la luz de la definición transcripta. Al parecer, el fascismo dio un nuevo giro a las corporaciones desvirtuando su finalidad original al dejarlas subordinadas al poder del líder fascista. Estratégicamente las absorbió para sus fines, aprovechando la tendencia natural del hombre a agruparse corporativamente. El control de las corporaciones -en especial las patronales y las obreras- fue clave por parte del fascismo, el nazismo y el falangismo, por cuanto a través del mismo llegaban a dominar todo el espectro laboral de sus respectivos países. El peronismo se apoyó y abocó a la captación de la central obrera conocida como Confederación General del Trabajo que aglutina a todos (en rigor la mayoría) los sindicatos y gremios a nivel nacional, y a nivel patronal hizo lo propio con la Confederación General Económica.

Estas corporaciones, representadas en órganos políticos o de dirección económica, eran los auténticos actores sociales, aunque cada una de ellas, en realidad, estaba dirigida férreamente por personeros del partido gobernante que se subordinaban al líder supremo. Ellas decidían la política general a seguir, trazaban planes económicos e intervenían en muchos asuntos cotidianos, convirtiéndose en órganos del Estado de casi ilimitado poder.

El esquema encuadra dentro de la definición de *dirigismo* por el cual se entiende:

Dirigismo. *Sistema económico que se caracteriza por el hecho de que el Estado orienta y fiscaliza las actividades económicas y sociales, planificándolas, nacionalizándolas o subvencionándolas.* [119]

---

[118] Ossorio p. 231-232
[119] Ossorio p. 339

Obviamente la dirección implica el acatamiento de la orientación dada, la obligación de someterse a la fiscalización y el cumplimiento de la planificación, caso contrario si las corporaciones no estuvieran obligadas a obedecer aquellas el dirigismo carecería de todo contenido y el termino quedaría vacío de significado. Si bien la definición no menciona el carácter obligatorio de las medidas enunciadas está implícito en cada una de ellas, lo cual se advierte al examinar las definiciones de los vocablos enunciados en particular. Las corporaciones quedaban así transformadas en simples estamentos cuasi o íntegramente estatales perdiendo, en esencia, su carácter de *privadas* o -al decir de Alberto Benegas Lynch (h)- en realidad privadas de toda independencia, pese a que figurativamente continuaban ostentando exteriormente dicha condición. En el peronismo el dirigismo se plasmó preferentemente por la dos últimas formas del mismo (nacionalización y subvenciones) aunque según los sectores que interesaban al gobierno no se abandonó la orientación y fiscalización de aquellos.

La economía se organizaba así mediante consejos generales que dictaban normas de cumplimiento obligatorio para todas las cámaras afiliadas. Estas fijaban precios y cantidades a producir, determinaban los salarios y las normas de trabajo, intervenían sobre las decisiones de inversión, regulaban las ganancias y controlaban toda la actividad productiva, a veces, hasta los mínimos detalles.

Todas las variables económicas o al menos las más importantes eran digitadas por los *consejos generales* que dependían directamente del estado-nación, es decir, del *Duce*. No quedaba margen alguno de libertad económica, dado que las cámaras trasmitían las órdenes de los consejos generales a las entidades intermedias y de estas a las mal llamadas "empresas" y de allí hacia abajo hasta los comercios minoristas. Todo estaba cuidadosamente determinado, y nadie podía apartarse de las directivas establecidas. El peronismo reprodujo en la Argentina este mismo esquema, así que puede decirse que en este país en materia económica -al menos-

practicó fascismo puro. El mercado como tal quedaba aniquilado, y en su lugar, el estado nación ensayaba un simulacro del mismo.

La propiedad privada de las empresas se mantenía, al menos formalmente, pero quedaba por completo vacía de contenido: no existía ya riesgo empresarial ni posibilidad alguna de competencia, por lo que los dueños de empresas se convertían en una especie de asalariados privilegiados, a veces devengando incluso sueldos, cuyas ganancias se asemejaban más a bonos o compensaciones especiales que a la retribución por el riesgo asociado a la inversión. La política económica general, por otra parte, además de basarse en un extendido intervencionismo estatal, se encaminaba a lograr la autarquía, el desarrollo económico nacional aislado del resto del mundo.

En suma, se ponían en práctica medidas de corte proteccionista que formaban parte del paquete de intervenciones y de controles de todo tipo inherentes al sistema dirigista de gobierno. Estrictamente no cabía hablar de "empresarios", ya que estaban ausentes en su rol las características propias de dicha figura, toda vez que no *invertían,* ya que no podían disponer de la propiedad real de sus bienes sin permiso del gobierno, que podía ser denegado sin dar explicaciones. La inversión, por otra parte, para ser tal, requiere una previa evaluación de las condiciones del mercado, la que estaban impedidos de hacer, no solo porque las variables quedan totalmente distorsionadas sino porque dicha estimación anticipada cabía (por ley) realizarla a la autoridad de los *consejos generales*, organismos que, como ya hemos visto, dependían del mando estatal. Tampoco tenían posibilidad de aprovechar las oportunidades que el mercado brindara, ya que no había técnicamente un "mercado" que, por definición, se entiende debe ser *libre,* y donde han de concurrir al menos tres elementos para que se considere existente: propiedad privada, precios y competencia, los cuales tampoco había.

Los fascismos más militaristas, como los de Hitler, Mussolini y la Europa Oriental no sobrevivieron mucho tiempo y fueron devorados por la propia conflagración mundial que tanto contribuyeron a desencadenar. Otras experiencias, como la de Franco en España, fueron evolucionando gradualmente hacia sistemas menos totalitarios, abandonando casi por completo el corporativismo y asemejándose así a otras naciones de economía intervenida y democracia restringida. En América Latina, dentro de este modelo, los experimentos fascistas se convirtieron rápidamente en populismos. [120]

La diferencia entre el fascismo y el populismo es menos económica que política. La experiencia española sufrió indudablemente un giro debido al resultado de la guerra y al rechazo generalizado que siguió a la misma en el espíritu de los países que intervinieron en ella hacia cualquier tipo de fascismo luego de la tragedia traumática que significó el terrible conflicto armado.

En América latina la corriente fue la inversa. El derrotado fascismo europeo entraba triunfante en Sudamérica de la mano de Perón en Argentina y Getulio Várgas en Brasil, ambos militares y notoriamente filofascistas. Perón, que se había entrevistado con Mussolini durante su destino como agregado militar en Italia, confesó en varias ocasiones su admiración por el tirano italiano. Incluso llegó a afirmar que si por el fuera le hubiera hecho erigir una estatua en su honor.

Es bastante probable que el fascismo peronista derivara en populismo por su carácter no militarista, ya que Perón prefirió apoyarse en los sindicatos a la vez que comenzó a enfrentarse con la oposición política, los estudiantes y la Iglesia entre otros, y también fue perdiendo adhesiones entre las filas de sus compañeros de armas

---

[120] Carlos SABINO; *Diccionario de Economía y Finanzas*. Contiene léxico inglés-español y traducción de los términos al inglés. Consultores: Emeterio Gómez; Fernando Salas Falcón; Ramón V. Melinkoff. CEDICE. Editorial Panapo. Caracas. Venezuela.

los cuales finalmente lo terminaron derrocando en 1955. Vamos a examinar ahora otra definición del término algo más breve y con un enfoque político-jurídico del término y que dice así:

Fascismo. Dejando a un lado consideraciones de tipo político, social y económico, cabe decir que significó un sistema de gobierno implantado en Italia de 1922 a 1943, que mantuvo la doctrina de la supremacía del Estado sobre el individuo, prácticamente eliminado de todo derecho, salvo el que en cada momento quisiera reconocerle el partido fascista usurpador del gobierno o más bien el omnipotente amo de Estado (Duce). De ahí que el lema fascista fuese: "Todo dentro del Estado, nada contra el Estado, nada fuera del Estado". Y como el Estado no era otra cosa que la organización fascista y su jefe, fácilmente se comprende que el régimen haya representado tan sólo una tiranía política, pese al revestimiento de corporativismo (v.) que se le quiso dar y al megalómano y espectacular intento imperialista, al que puso fin la derrota de los países totalitarios del triángulo Alemania-Japón- Italia por los aliados. En definitiva. como expresiones del totalitarismo (v.), tanto el fascismo italiano, como el falangismo español, el nazismo alemán y el comunismo ruso, no son otra cosa que regímenes opuestos a la libertad, a la democracia y al Estado de Derecho (v.).[121]

El propósito (del inicio de la definición) de dejar *a un lado consideraciones de tipo político, social y económico* no pudo verse cumplido ya que, en nuestra opinión, la política y la economía son fenómenos *sociales*, pese a que entre muchos autores se los considere cosas diferentes, como en el caso del que ahora nos proponemos comentar.

Como se observa, la orientación del concepto arriba transcripto hace hincapié en la negación de los derechos individuales excepto los que el líder fascista quisiera reconocer, cosa que sucedía

---

[121] Ossorio p. 409-410

excepcionalmente con aquellos que adhirieran voluntariamente al régimen y se le negaban a los que no lo hicieran o fueran indiferentes. La definición se acota exclusivamente al fascismo originario, es decir, el italiano, y no examina las demás cuestiones que si hizo la definición desarrollada con anterioridad a esta.

Pero ya hemos visto que las características del modelo italiano se reprodujeron en otras partes, incluso -según la enunciación detallada en primer término- el nazismo alemán no es sino otra forma de fascismo, en el que su único rasgo distintivo podría ser el acusado racismo del partido nazi, casi su eje central, ya que las diferencias de sistema económico eran prácticamente nulas, si bien la importancia de las corporaciones era menos gravitante en Alemania que en Italia aunque el tremendo peso del estado-nación era idéntico en ambos países. Aunque en la retórica, tanto Hitler como Mussolini decían oponerse al comunismo, en realidad lo que ellos entendían como "comunismo" era la amenaza expansionista de la U.R.S.S. entonces una potencia militar importante que constituía una intimidación latente para la Europa occidental. La firma del pacto de Varsovia entre Molotov y Ribbentrop así lo testifican. Tanto Hitler como Stalin se veían mutuamente como amenazas reciprocas. Finalmente, el pacto fue violado por Hitler e inició la invasión a la URSS, si bien con resultado adverso.

Ni "menemismo" ni "kirchnerismo" ¡Peronismo!

Hay que calar hondo en la esencia del peronismo para comprender la naturaleza de este movimiento que ha sido protagonista de buena parte de la historia reciente de la Argentina. Los análisis parciales y segmentados de la cuestión a nada conducen que no sea a desvirtuar la auténtica naturaleza de este fenómeno político que ha concitado la atención de analistas de todo tipo.

Lamentablemente, se ha consolidado en muchos casos -tanto en la jerga periodística como en la cotidiana- al tratar temas políticos, distinguir los gobiernos de Menem y de los Kirchner con los neologismos "menemismo" y "kirchnerismo" respectivamente, como "disímiles" al peronismo. Este uso -y abuso- desafortunado de tal nomenclatura ha contribuido y sigue contribuyendo a desdibujar precisamente la íntima estructura que subyace detrás del peronismo; de sus integrantes, partidarios y -por sobre todas las cosas- de sus candidatos.

Los rótulos que criticamos, son utilizados de manera *ex profeso* por los mismos miembros del partido peronista, apenas avizoran el rumbo equivocado de sus candidatos ya accedidos al poder, pero también muchas veces -en forma inadvertida- por personas no-peronistas o antiperonistas que emplean los términos en apariencia diferenciadores, y -sin demasiada conciencia de ello- entran "a jugar el juego" perverso al que "juegan" los peronistas, que detrás de cada fracaso de sus gobiernos buscan dejar intacta "la doctrina del movimiento".

La realidad, no obstante, es que:

"El peronismo es un formidable dispositivo de poder que ha podido transitar sin inconvenientes desde el populismo liberal de Menem hasta el populismo socialdemócrata de Kirchner. Lo que le importa realmente es el poder: clerical, izquierdista, liberal, conservador, son simples detalles funcionales a la estrategia fundamental.

No es indiferente al destino de una república que el oficialismo sea hegemónico. El precio que pagan las instituciones y la credibilidad pública es muy alto. Discutir el poder exclusivamente en el interior del oficialismo enrarece el debate, lo miserabiliza y lo transforma en una disputa salvaje por cuotas de poder, donde lo único que está ausente son los problemas reales de la sociedad."[122]

Creo que la cita anterior es una de las mejores definiciones que he encontrado acerca del peronismo, si no es la mejor de todas.

---

[122] Nota del traductor en Murray N. Rothbard. *Hacia una nueva libertad. El manifiesto libertario.* pág. 27.

Palabras que, redactadas durante los tres sucesivos y prolongados gobiernos de los nefastos Kirchner, describen con singular sutileza los contornos de un "movimiento político" que ha hundido al país en la más profunda de las ciénagas desde su mismo inicio en el año 1946 y en todas las continuas oportunidades en que la Argentina tuvo la desgracia de padecer a sus candidatos triunfantes.

Pero la habilidad del peronismo no consintió solo en disfrazarse con los atuendos del liberalismo o de la socialdemocracia, también supo ser socialista:

"Hacia 1973, el discurso político predominante se formulaba en términos de causas populares, lucha anti-imperialista, liberación de la dependencia externa, combate contra el capital, etcétera, promoviéndose una intervención mayor aún del Estado en la actividad económica. Las elecciones celebradas en marzo de 1973 permitieron el acceso a los cuadros burocráticos de elementos de izquierda, en medio de disputas por el poder político entre las facciones revolucionaria y de derecha del movimiento fundado por Perón, en un ambiente de violencia terrorista."[123]

Esto era lógico, dado que el peronismo es fundamentalmente una forma de populismo y el populismo se caracteriza por no contar con ninguna ideología específica propia, sino que va modificando su discurso conforme van cambiando las circunstancias políticas y sociales. Dado que "la lógica" peronista es la conquista del poder por el poder mismo, va de suyo que Perón no trepidó en utilizar esos elementos de izquierda para logra su tercer gobierno en el año indicado.

"En ese contexto político fue lanzado un amplio programa de reforma estructural "dirigista", nacionalista y con objetivos de redistribución de ingresos, además de un llamado pacto social entre corporaciones gremiales obreras (CGT), de pequeños

---

[123] Alberto Benegas Lynch (h) *Entre albas y crepúsculos: peregrinaje en busca de conocimiento*. Edición de Fundación Alberdi. Mendoza. Argentina. Marzo de 2001. pág. 312-313

empresarios (CGE) y el Estado, destinado a sustentar políticas de estabilización coyunturales (controles de precios y ganancias). El plan se tradujo en alrededor de cuarenta leyes y acuerdos, aunque parte considerable de las medidas nunca llegaron a ser concretamente implementadas. Fue elevado al Congreso un proyecto de ley agraria, nunca aprobado, que disponía la expropiación de las tierras improductivas; fueron ampliadas las funciones de las juntas de carnes y de granos, a efectos de acentuar la intervención estatal en el comercio exterior, complementadas por la manipulación del tipo de cambio y nuevos impuestos ad valorem a la exportación ("retenciones"); también la estructura arancelaria fue manipulada discrecionalmente con el propósito de dirigir el proceso de industrialización. La ley de promoción industrial, que facultaba al gobierno para subsidiar proyectos de interés nacional, preveía las corrientes facilidades impositivas e incluso el diferimiento de ciertas obligaciones fiscales (impuesto a las ventas, luego I.V.A.) por hasta quince años, sin ajuste por inflación. Se sancionó asimismo una ley de inversiones extranjeras, con el objeto de combatir la penetración de capitales extranjeros, en especial en el sector industrial; se intensificaron las vinculaciones comerciales con los países del bloque socialista; la reforma financiera incluyó la llamada "nacionalización de los depósitos bancarios"; se dictaron bajo estas ideas nuevas leyes del trabajo (de asociaciones profesionales y de contrato de trabajo), de seguridad social y de servicios de salud."[124]

Esta fue –a grandes rasgos- la política económica adoptada por Perón al asumir el gobierno argentino en 1973. No pueden sorprender las notables similitudes –salvando ciertos detalles específicos- entre las medidas patrocinadas por el propio Perón con las tomadas por el matrimonio Kirchner años más tarde. Y esto sólo respecto de la

[124] Alberto Benegas Lynch (h) *Entre albas y ...*ob. cit. pág. 312-313

dirección económica, soslayando por el momento idéntica similitud con el resto de las políticas seguidas por los mismos personajes en áreas ajenas a la económica. ¿Cómo ante esto podría decirse que los gobiernos de los Kirchner no habrían sido peronistas sin demostrar al enunciar tal falacia el enorme disparate que se profiere?

BIBLIOGRAFÍA DEL AUTOR

- *La democracia*
  https://www.bubok.com.ar/libros/191732/La-democracia
- *Socialismo y Capitalismo*
  https://www.bubok.com.ar/libros/191731/Socialismo-y-Capitalismo
- *¿Qué es el populismo? Ensayo político, económico y sociológico.*
  https://www.bubok.com.ar/libros/199141/Que-es-el-populismo-Ensayo-politico-economico--y-sociologico
- *Apuntes sobre filosofía política y económica*
  https://www.bubok.com.ar/libros/191736/Apuntes-sobre-filosofia-politica-y-economica
- *Breve introducción al estudio de la economía*
  https://www.bubok.com.ar/libros/191733/Breve-introduccion-al-estudio-de-la-economia
- *Capitalismo, estado e intervencionismo*
  https://www.bubok.com.ar/libros/198468/Capitalismo-estado-e-intervencionismo
- *Elementos de economía internacional*
  https://www.bubok.com.ar/libros/200754/Elementos-de-economia-internacional
- *Impuestos (una muy breve introducción al tema)*
  https://www.bubok.com.ar/libros/191737/Impuestos-una-muy-breve-introduccion-al-tema
- *La educación (una primera mirada)*
  https://www.bubok.com.ar/libros/191738/La-educacion-una-primera-mirada
- *La teoría del mito social*
  https://www.bubok.com.ar/libros/191735/La-teoria-del-mito-social
- *La ciencia económica – tratado de economía - tomo I*
  https://www.bubok.com.ar/libros/197916/La-ciencia-economica--tratado--tomo-I

- *La ciencia económica (tratado). Tomo 2*
  https://www.bubok.com.ar/libros/197920/La-ciencia-economica-tratado-Tomo-2
- *Análisis económico sobre el gobierno*
  https://www.bubok.com.ar/libros/191868/Analisis-economico-sobre-el-gobierno
- *Socialismo y capitalismo*
  https://www.bubok.com.ar/libros/191731/Socialismo-y-Capitalismo
- *Teoría del mercado (libre e intervenido)*
  https://www.bubok.com.ar/libros/201222/Teoria-del-mercado-libre-e-intervenido

Estas obras, y otras más, también podrán
encontrarse en los siguientes sitios con
diversos puntos de distribución:
https://libros-gsb.blogspot.com/